Liebe!

Ilse Walter (Hg.)

Liebe!

Deuticke

Robert Gernhardt

Geständnis

Ich habe ein großes Gefühl für dich.

Wenn ich an dich denke,
gibt es mir einen Schlag.
Wenn ich dich höre,
gibt es mir einen Stoß.
Wenn ich dich sehe,
gibt es mir einen Stich:
Ich habe ein großes Gefühl für dich.

Soll ich es dir vorbeibringen,
oder willst du es abholen?

Tom Waits

blue valentines

she sends me blue valentines
all the way from philadelphia
to mark the anniversary
of someone that i used to be
and it feels just like theres
a warrant out for my arrest
got me checkin in my rearview mirror
and i'm always on the run
thats why i changed my name
and i didn't think you'd ever find me here
to send me blue valentines
like half forgotten dreams
like a pebble in my shoe
as i walk these streets
and the ghost of your memory
is the thistle in the kiss
and the burgler that can break a roses neck
it's the tattooed broken promise
that i hide beneath my sleeve
and i see you every time i turn my back

she sends me blue valentines
though i try to remain at large
they're insisting that our love
mast have a eulogy
why do i save all of this madness
in the nightstand drawer
there to haunt upon my shoulders
baby i know
i'd be luckier to walk around everywhere i go
with a blind and broken heart
that sleeps beneath my lapel

she sends my blue valentines
to remind me of my cardinal sin
i can never wash the guilt
or get these bloodstains off my hands
and it takes alot of whiskey
to make these nightmares go away
and i cut my bleedin heart out every nite
and i die a little more on each st. valentines day
remember that i promised i would
write you ...
these blue valentines
        blue valentines
        blue valentines

Keto von Waberer

Ein Leitfaden der Anmache

Männer jammern, wir Frauen wären geheimnisvoll wie Sphinxe. Das finge schon damit an, daß wir beim Anbändelspiel keine eindeutigen Signale zu geben vermöchten. Kein Mann könne entziffern, ob wir nun wollten oder nicht. Dabei ist die Klarheit, mit der sich Frauen in solch galanten Vorgeplänkeln verhalten, nachgerade erschreckend. Es ist alles ganz einfach:

Also sagen wir, Ihr sitzt in einem Lokal. Ihr habt sie gleich ausgemacht, als Ihr reinkamt. Sie sieht aus, als könne sie Doris Day, Bette Midler und Nastassja Kinski verkörpern, je nachdem, was Ihr gerade mit ihr vorhabt. Ganz zu schweigen von diesem langen, herrlich unruhigen Bein, das, auf den Gang hinausgestellt, direkt auf Euch zu deuten scheint wie eine Kompaßnadel. Ihr setzt Euch gut sichtbar gegenüber, ein paar Tische entfernt. Dann geht das so: Ihr sollt hinschauen, ja, hinschauen, nicht hinfassen. Wenn sie zurückschaut, länger als üblich, dann hat sie Interesse! Paßt aber auf, daß nicht vielleicht ein Kerl neben ihr sitzt, der gerade einer anderen Frau in den Ausschnitt äugt, denn dann will sie dem nur eins auswischen. Wenn sie lächelt, ist noch ein Punkt gewonnen, kann aber sein, daß sie gerade daran gedacht hat, wie ihr Hund sie immer anschaut, wenn er Gassi gehen will, so mit schiefgelegtem Kopf, also Vorsicht. Wenn sie dicht an Euch vorbeigeht vor dem Klo, wo

Ihr Euch strategisch günstig postiert habt, wenn Euch ihr Duft und ihr Kleid streift, womöglich ein glitzernder Blick, dann ist die Sache auf dem besten Wege, es sei denn, sie ist extrem kurzsichtig, hat ihre Brille nicht auf und hält Euch für eine Palme. Wenn sie ißt, gönnt Euch selbst einen kleinen Imbiß. Die Sache kann dauern. Und laßt sie um Himmelswillen in Ruhe ihre Spaghetti genießen. Leute, die beim Essen immerzu mit mahlenden Kiefern über den Tisch äugen wie wiederkäuende Ochsen, gehen jeder Frau auf den Geist. Beim Nachtisch könnt Ihr wieder einsetzen, augenmäßig. Keinen Schnaps für sie bestellen. Das tun die Kerle so oft und dann denkt man als Frau, man muß jetzt gleich hinüberprosten, oder man denkt, man muß das Zeug zurückschicken, oder man mag keinen Averna.

Also weiter! Nehmen wir mal an, Ihr habt Euch neben sie an der Bar etablieren können, und sie macht es möglich, daß Eure Hände sich berühren (sowas tun Frauen), dann seid Ihr geradezu aufgefordert, etwas zu ihr zu sagen, wenn auch die Möglichkeit besteht, daß sie fachfrauisch prüft, ob Ihr Temperament habt, weil sie ein verlegenes Geräusper und Eure hektischen roten Flecken unter den Augen für Zeichen einer Virusgrippe hält. Merke: Um eine Frau, die sich nicht anstecken lassen will, lohnt es sich immer zu kämpfen.

So weit so gut. Also jetzt sagt Ihr was. Was? In einschlägigen amerikanischen Männermagazinen lese ich, Ihr sollt etwas Originelles sagen, etwas Komisches, etwas Lässiges, etwas Individuelles. Keine Sorge, wenn Ihr ihr gefällt, könnt Ihr die größten Platitüden von Euch geben, und sie wird lachen. Wenn sie Euch dabei die Kehle darbietet, ist das, laut Ratgeber »Körpersprache«, eine Geste des sich Anbietens, möchte aber sein, daß sie nur das Kinn hebt, um ihr Doppelkinn zu kaschieren oder einen Goldzahn zu verbergen. Sie weiß sicher, wie weit sie den Mund aufreißt beim Lachen.

Nun also ist es Euch gelungen, ein Gespräch in Gang zu bringen. Ihr habt durch leichtes Auflockern des Jacketts eine Wolke Eures männlichen Duftes auf den Weg geschickt und Eure besten Accessoires, die Augen, von der Brille befreit, damit sie sieht, wie blau und tief und ehrlich dieselben sind. Sie läßt sich auf einen Drink einladen, nun gut, vielleicht ist sie nur knapp bei Kasse. Oder sie hat mit ihren Freundinnen gewettet, die hinter ihr am Ecktisch lauern, oder sie will sich einfach in Gesellschaft betrinken, kann ja sein. Keinesfalls sie jetzt mit einem Redeschwall von den eigenen Vorzügen überschütten: Das ist sie gewohnt, und das vertreibt womöglich ihre gute Stimmung. Tiefstapeln. Aber vielleicht fürchtet sie nun auch, daß die goldene Seiko an Eurem Handgelenk aus Hongkong kommt und daß sie womöglich die ganze Zeche bezahlen muß. Also, das Gespräch läuft. Sie sagt was, Ihr sagt was. Sie lacht, Ihr lacht. Der Abend entfaltet sich wie eine Blume, Sterne blitzen über den Köpfen der faden, unwichtigen anderen Menschen, ein Geigenquartett legt los mit You made me love you oder was auch immer. Gottlob, denkt Ihr, haben wir die frische Unterhose an, das Bett neu bezogen, den Dimmer repariert. Aber nicht so eilig. Vielleicht will sie einfach nur mit einem fremden Mann reden, und gleich kommen die fürchterlichen Querelen mit ihrem Ehemann – haarklein –, oder sie hatte Ärger im Büro, und Ihr erfahrt ausführlich, was ihr Chef für ein Schimpanse ist. Ihr meistert das alles.

Bloß kein Wort über die eigene entsprungene Freundin, dieses Miststück, das Euch eingeredet hat, Ihr wäret unfähig, an etwas anders zu denken als an Euch selbst. Es gelingt Euch, sie auf den Urlaub in Formentera zu bringen, wo sie so glücklich war, oh, Ihr werdet selbstverständlich sagen, Ihr wart auch schon dort. Solche Urlaube sind austauschbar, redet einfach von Teneriffa. Nun schlagt Ihr eine andere Bar vor. Sie findet das eine exzellente Idee. Ihr bestellt ein Taxi, um ihr zu zeigen, wie verantwortungsvoll Ihr mit ihrer Sicherheit umgeht (Männer, die betrunken fahren, glaubt mir, machen nie wirklich Eindruck auf Frauen, das müssen die sich für ihr eigenes Geschlecht vorbehalten). Im Taxi nicht hinfassen. Es sei denn, sie zeigt Euch die Unterwäsche, die sie gerade heute gekauft hat, aber wiegt Euch nicht in Sicherheit, man sollte sich keineswegs darauf verlassen, daß sie heute auch neue Kondome eingekauft hat. Wenn sie den Kopf auf Eure Schulter legt, heißt das noch gar nichts. Vielleicht versucht sie's mit der Hilflos- und Harmlos-Nummer, um zu ergründen, wie ritterlich Ihr bleibt.

Die nächste Bar will jetzt mit Bravour überstanden sein, es darf keinesfalls ruchbar werden, daß Ihr vor Ungeduld halb umkommt. Mutige schlagen danach noch eine Bar vor, trinken aber pfleglich nicht zuviel, halten auch die Wunschbraut vom Trinken ab, sonst müssen sie sie vielleicht später verarzten, kann natürlich sein, daß sie Euch deshalb für Spießer hält und überläuft, zu dem wilden Kerl an der Trommel, der ihr schon ein-, zweimal zugezwinkert hat. Also, alles paletti.

Schön, nun hat sie zugestimmt, sich bei Euch zuhause die neuen Bilder anzusehen, die Ihr gerade in Basel erworben habt. Im Hausgang läßt sie sich gegen Euch fallen und leckt Euren Adamsapfel. In der Wohnung zieht sie die Schuhe aus, sobald die Tür ins Schloß fällt. Endlich habt Ihr alle Signale verstanden, macht Euch bereit zum Stapellauf. War doch kinderleicht – aber gemach. Nur jetzt nicht den Kopf verlieren. Vielleicht ist sie Polizeibeamtin und wird gleich ihre Marke und die Handschellen zücken, wenn sie Euch an dem wie Afrika geformten Muttermal auf Eurem Bauch identifiziert hat, an das sich alle Eure Opfer genau erinnern konnten. Schlimmer, sie trägt ein Küchenmesser in der Tasche, und Ihr werdet Euch in dieser Nacht von etwas trennen müssen, das Euch lieb und teuer ist und das Euch, im nachhinein betrachtet, diesen ganzen Schlamassel eingebrockt hat.

Aber vielleicht sollte man als deutscher Mann nicht so viele Greuelgeschichten aus der amerikanischen Presse lesen. Sowas verunsichert doch nur.

Joachim Ringelnatz

Gnädige Frau, bitte trösten Sie mich

Gnädige Frau, bitte trösten Sie mich
Über mein inneres Grau.
Das ist kein Scharwenz um ein Liebedich. –
Gnädige Frau, seien Sie gnädige Frau.

Mein Herz ward arm, meine Nacht ist schwer,
Und ich kann den Weg nicht mehr finden. –
Was ich erbitte, bemüht Sie nicht mehr
Als wenn Sie ein Sträußchen binden.

Es kann ein Streicheln von Euch, ein Hauch
Tausend drohende Klingen verbiegen.

Gnädige Frau,
Euer Himmel ist blau!

Ich friere. Es ist so lange kein Rauch
Aus meinem Schornstein gestiegen.

Daniel Glattauer

Die Kunst des Flirtens

Ich habe Probleme mit Frauen. Wobei das Erstgenannte das Zweite zahlenmäßig so klar distanziert, daß man auch sagen kann: Ich habe Probleme ohne Frauen. Oder: Ich habe Probleme statt Frauen. Oder (um den Zusammenhang wieder herzustellen): Ich habe Probleme mangels Frauen.

Dabei bin ich weder überdurchschnittlich häßlich noch durchschnittlich dumm. Ich bin gepflegt, ganz gut gekleidet, spreche deutsch, wenn ich deutsch sprechen will, benehme mich gut, rauche nicht, trinke selten mehr als am Vortag. Kurzum: Ich bin in Ordnung. Und die Frauen müßten mich eigentlich mögen. Tun sie aber nicht. Zumindest weiß ich nichts davon.

Dabei bin ich alles andere als ein Macho. Und auch kein Softie. Ich bin hart und weich zugleich. Oder nacheinander, wie sie wollen, die Frauen. Aber sie wollen ja nicht.

Sex ist insofern kein Thema für mich, als ich so weit erst gar nicht zu denken wage. Es scheitert schon viel früher, wobei »scheitern« nicht der richtige Ausdruck ist, weil »scheitern« den Versuch voraussetzt. Tatsächlich kommt es aber nicht einmal dazu. Es kommt zu gar nichts. Ja, ich behaupte, die Frauen könnten sich durchaus mit mir anfreunden, aber leider lernen sie mich erst gar nicht kennen. Und das beruht auf Gegenseitigkeit. Und da ist was faul.

Ich erzähle Ihnen das nicht aus Spaß. Glauben Sie mir, es ist peinlich genug. Aber wie sollte ich Ihnen sonst klarmachen, warum ich es getan habe, am vergangenen Wochenende? Ja, ich habe ihn besucht, den Kurs, den ersten dieser Art in Wien. Ich bin in die Flirtschule gegangen. Ich habe mein bis dato frauenloses Schicksal in die gewagten Versprechungen eines Münchner Betriebswirtes gelegt: In lockerer Atmosphäre lernen Sie bei uns auf teilweise völlig neue Art, was Sie möglicherweise verlernt, vergessen oder nie gekannt haben: FLIRT UND KONTAKT. Wenn Sie einen unserer Kurse besucht haben, können Sie bestens auf andere Leute zugehen: Sie flirten nach Herzenslust mit der Dame bzw. dem Herrn Ihrer Wahl. Sie erlangen die Fähigkeit, Kontakte zu knüpfen und aufrechtzuerhalten, mit Leuten, an denen Ihnen wirklich gelegen ist, bzw. mit denen Sie regelmäßig zu tun haben.

Sagen wir es schonungslos: Ich habe auch diesmal versagt. Mit Herren hab ich es seither noch nicht probiert; mit den »Damen meiner Wahl« flirte ich jedenfalls auch nach dem Kurs nicht »nach Herzenslust«. Wohl kann ich auf Leute bestens zugehen. Aber erstens konnte ich das schon vorher, und zweitens biege ich im entscheidenden Moment noch immer scharf ab, sofern es sich um eine bevorstehende Begegnung mit einer Frau handelt.

Ich will nicht sagen, daß es mir um das Geld für den Kurs leid tut: 2500 Schilling hab ich schon einige Male schneller und weniger hoffnungsvoll ausgegeben. Immerhin waren es doch zwölf intensive Stunden Unterricht in Sachen Liebe, die mich dem Ziel –

einer Frau – zwar nicht nähergebracht haben, aber auch kein bißchen weiter weg, wobei die Frage offen bleibt, ob das noch möglich gewesen wäre.

Am Anfang war es sogar recht spannend – und deshalb erzähle ich von nun an in der Gegenwart. Peter, der bayerische Flirtlehrer, meint, wir sollten einander bei den Vornamen nennen, das lockere die Stimmung auf. Eine Person aus der Sechser-Gruppe, die es sich in kargen Stühlen rund um einen kahlen Tisch in einem unterkühlten Raum einer fahlen Modellagentur so unbequem wie notwendig gemacht hat, erkenne ich sofort: den Reinhard. Er schreibt für eine Wochenzeitung und wird sich wohl demnächst über das Ganze hier lustig machen. Die 21jährige Conny neben mir ist ebenfalls Journalistin. Auch sie ist hier nicht suchend, sondern vorfindend unterwegs. Links neben mir, die Karin, braucht den Flirtkurs für ihre eigenen »Farewell-Seminare«, die sie demnächst abzuhalten trachtet, sagt sie. Karin ist eine jener jungen blonden Damen, die das Körperliche geräuschlos betonen und den Intellekt wortreich hintanhalten, die also der Sache der Frau deutlich weniger guttun als der ohnehin ausreichend guten Sache der Männer (mit Ausnahme meiner Sache natürlich).

Anders: Helga, vis-à-vis von mir. Sie arbeitet in einer Kanzlei, scheut und versteckt alles Körperliche und forciert das Innenleben, wovon Außenstehende (Männer) so gut wie nichts mit-, geschweige denn abbekommen, ich am allerwenigsten. Helga müßte neben einem Mann schon siebzehn Stunden im Flugzeug sitzen, um mit ihm ins Gespräch zu kommen, sagt sie. Aber sie habe Flugangst, deshalb versucht sie es mit dem Flirtkurs.

Josef ist schon etwas älter, Techniker, Träger sämtlicher Klischees der Biedermännlichkeit – und artverwandt mit Helga, wenn auch fröhlicher, aber mit seiner Fröhlichkeit im engstmöglichen Rahmen, nämlich allein.

Erste Runde: Wir werfen einander einen Polster zu und versuchen, die Beworfenen bei ihren richtigen Vornamen zu nennen. »Das lockert auf und macht uns vertrauter mit'nand«, sagt der Lehrer. Ein gutes Spiel. Ich werde es einmal in der U-Bahn-Station Stephansplatz ausprobieren.

Zweite Runde: Karin und ich müssen einander eineinhalb Minuten lang wortlos anstarren. Ich schau ihr einfach geradewegs in die Augen, aber ein paarmal muß ich blinzeln. Sie fährt sich einmal mit der Zungenspitze über die Oberlippe, schön langsam, von links nach rechts, aber nicht wegen mir, sondern eher aus Nervosität, schätze ich. Sonst keine Vorkommnisse. Nachher sagen wir, was wir erlebt haben. Karin behauptet, es habe ihr gut gefallen. Das war reine Höflichkeit, was sollte sie schon Spannendes erblickt haben. Ich sage, daß mir die Zeit ziemlich lang geworden ist. Ich wollte nicht allzu unhöflich sein.

»Der Blickkontakt ist das A und O jedes Flirtens«, sagt Lehrer Peter. Die Formulierung, »jemandem in die Augen schauen«, sei übrigens falsch, erfahren wir: Man könne nämlich immer nur in ein Auge schauen. Ganz schlecht sei es, jemandem zwischen die Augen zu schauen, das sei so eine Art toter Punkt, meint Peter. Vielleicht schiele ich.

Dritte Runde: Jeder bewertet jeden. Über mich selbst wird nicht viel gesprochen, alle reden nur von meinem schönen Pullover. Das nächste Mal werde ich meinen Pullover zum Flirtkurs schicken – und selbst daheim bleiben. Macht wohl kaum einen Unterschied und kommt um 2500 Schilling billiger, abzüglich meines Pullovers, den würden sie sich wahrscheinlich einnähen, weil er so schön ist.

Peter überhäuft uns mit Tips und Tricks: Nie jemand von hinten ansprechen, besser von der Seite, noch besser von vorne, am besten von schräg vorne. Bis ich diese Position einmal eingenommen habe, ist jede halbwegs gelenkige Frau schon an mir vorbeigezogen. Was bliebe mir dann übrig, als sie von hinten anzusprechen? Richtig: Gar nicht ansprechen. Was ich immer sage.

Oder: »Grinsen ist besser als gar nichts. Grinsen kann die Überleitung zum Lächeln sein.« Und was, wenn es die Überleitung zu einer Ohrfeige ist? Oder: »Kleine Pupillen, kleines Interesse. Große Pupillen, großes Interesse.« Ja, ja. Sollte mich einmal eine Frau mit großen Pupillen anschauen, ist sie ganz bestimmt drogensüchtig.

Peter später: »Was mache' ma mit unsere Stärken und Schwächen?« – Wir wissen es nicht, wir beherrschen kein Bayerisch. Außerdem wären wir sonst nicht hier. Peters Antwort: »Prägt euch die Stärken ein und schreibt sie euch auf einen Zettel auf.« Ich verlange ein Löschblatt. Dazu grinse ich. Peter fährt fort: »Selbstbewußtsein heißt über sich selbst bewußt sein.« (Muß es nicht heißen: Über sich selbst bewußt zu sein? Oder, noch besser: Sich seiner selbst bewußt zu sein?) »Je mehr Selbstbewußtsein, umso mehr Selbstvertrauen.« (Nicht umso mehr, sondern desto mehr, aber bitte sehr.) »Und je mehr Selbstvertrauen, desto höher das Selbstwertgefühl.« – Wenigstens grammatisch einwandfrei. Im Raum wird es indes immer kälter. Karin murmelt: »Ich freu mich schon auf die Sauna.« Dabei schaut sie mich an, aber sie muß sich verschaut haben, ihre Pupillen waren so groß, daß ich sie mit freiem Auge erkennen konnte.

Peter noch später: »Irgendein Philosoph, i glaub, der Platon war's, hat g'sagt, was wir denken, samma.« – Ich denke ganz fest an einen Frauenhelden. Peter noch viel später: »Überall, wo was rauskommt, ist einem leichter.« Das kann nicht von Platon gewesen sein. Ich tippe auf Beate Uhse.

Endlich die vierte Runde: »Die Entspannung ist die kleine Schwester vom Schlaf. Wir entspannen uns, aktive Gelassenheit ist das Zauberwort, atraxi, wie der Grieche sagt«, sagt Peter. Würde der Grieche Retsina sagen, wäre ich deutlich entspannter. Wir müssen die Augen schließen, die Fäuste ballen und wieder öffnen und uns eine Begegnung mit jemandem vorstellen. Nachher werden wir gefragt, wem wir begegnet sind. Ich gebe ehrlich zu: »Die Begegnung ist mir mißlungen. Ich bin so vielen Menschen begegnet, aber es war keine Frau darunter.« Ich glaube, jetzt ist Peter langsam sauer auf mich. Der Flirtlehrer führt aus: »Wichtig sind die positiven Schwingungen. Ich kenne einen Münchner, der hat sich fest eingebildet, der Parkplatz vor dem Bürogebäude ist frei, und er war tatsächlich frei.« Leider sind Frauen keine Münchner Parkplätze vor Bürogebäuden.

Männer, so Peter am Höhepunkt seiner Darlegungen, benötigten 17 Sekunden, um Frauen anzuschauen: Augen, Busen, Augen, Hüften, Augen. Frauen bräuchten dagegen nur 9,8 Sekunden, um Männer optisch zu erfassen: Augen, Schulter, Hüften, Mund, Augen. »Es gibt aber auch Frauen«, sage ich, »die weniger als eine Sekunde brauchen, um einen Mann anzuschauen.« Die anderen nicken anerkennend. In manchen Dingen kenne ich mich besser aus als ein Flirtlehrer. Das ist gut für das Selbstvertrauen oder -bewußtsein, oder -wertgefühl, oder wie das heißt.

Wenn man wen anlächelt, lächle er oder sie zu 18 Prozent zurück, zu 80 Prozent reagiere er oder sie neutral, zu zwei Prozent reagiere er oder sie negativ, erklärt Peter. Kaum einer weiß besser als ich, wie viel zwei Prozent sein können.

»Wer nicht wagt, der nicht gewinnt«, meint der Lehrer. (Vermutlich Platon in einer schleißigen Übersetzung.) »Und es kostet ja nur drei Buchstaben, m, u und t. Wir könnten uns einglasen lassen, sagt man in Bayern, wenn wir keinen Mut hätten.« – Worauf der Bann gebrochen ist und wir Flirtschüler stundenlang miteinander flirten: an der Haltestelle, auf der Parkbank, an der Bar, in der Sauna; alles im selben unterkühlten Raum, vor der Videokamera.

»Aber hier ist es ja viel leichter als draußen«, sagt Conny. »Glaubt mir, draußen ist es auch nicht anders«, gibt uns Peter daraufhin volle Länge die drei Buchstaben. Und hätten wir nicht vorschnell ein Zeugnis der Flirt-Reife in die steifgefrorenen Hände gereicht bekommen, dann flirteten wir wohl noch heute, im selben unterkühlten Raum einer aufgelassenen Modellagentur.

Eckhard Henscheid

Tips für Lebemänner

Wie macht man Weiber prompt gefügig? Nun, auf diese wichtigste aller Fragen gibt es natürlich zahllose Antworten, eins aber scheint doch immer noch am besten zu funktionieren: »Auf dumme Komplimente fällt nur selten eine nicht herein.« So wird's gemacht, so ist es gut. Vorteilhaft ist auch diese Technik: »Auf dumme Komplimente fällt selten nur eine nicht herein.« Denn alle anderen fallen, und auch die eine meist. Sehr gut ist gleichfalls: »Auf dumme Komplimente fällt selten nicht nur eine herein.« Fraglicher wird's bei dieser Lösung: »Auf dumme Komplimente fällt nicht selten nur eine herein.« Immerhin: eine! Sehr problematisch aber scheint diese Strategie: »Auf dumme Komplimente fällt nur selten nicht eine herein.« Und schon allzu unüberschaubar wird die Lage mit diesem Trick: »Auf dumme Komplimente fällt nicht eine selten nur herein.« Um so erfreulicher und bombensicherer deshalb diese Lösung: »Auf selten dumme Komplimente fällt nur eine nicht herein.« Denn auf diese eine ist letztlich auch gepfiffen.

Man sieht, praktisch geht fast alles. Nur eins sollte der ausgebuffte Weiberhengst nicht machen: »Auf dumme Seltenkomplimente herein nur fällt nicht eine alte Sau.« Nein, so geht's nicht. So geht nicht's.

Erich Fried

Fester Vorsatz

Denn wir wollen uns
nicht nur herzen
sondern auch munden
und hauten und haaren
und armen und brüsten und bauchen
und geschlechten
und wieder handen und fußen

Ulla Hahn

Altes Lied ungereimt

Breit mich als Bärenfell
unter sein Leib
dreh ihm kohlschwarze
Locken ins Haar

Halt ihm mein Mäulgen hin
schenk ihm mein Herz
küßt er mich tausend Stund
bis auf den Grund

Holt mich am Morgen
über den Zaun
schmeißt mich beim Abendgraun
aus seinen Federn

Sitzt hinterm Ofen
bei seinem Frauchen
macht ihr ein Kratzefuß
will uns nit tauschen

Kraul mir ein Kätzelein
in meinem Schoß
leckt mir die Fingerspitz
macht mich nit naß

Robert Gernhardt

Reich der Sinne, Welt der Wörter

Beim Paar, das sich auf dem schmalen Bett liebte, gab es Schwierigkeiten.

»Komm nicht so mit der Zunge«, sagte er, worauf sie, verschreckt, die Zunge gar nicht mehr bewegte. Das war ihm nun auch wieder nicht recht: »Komm mehr mit der Zunge.«

Sie dachte daran, wie einfach anfangs alles gewesen war. Er überprüfte derweil seine Erektion. Sie schien in Ordnung zu sein, nun wollte er etwas dafür haben. Sie könnte feuchter sein, dachte er und erinnerte sich daran, wie feucht sie früher immer gewesen war. Oder setzte da bereits Verklärung ein?

»Komm«, sagte er und spürte, wie sie ihm immer mehr entglitt. Wo war sie jetzt eigentlich? Er stützte sich auf und schaute an ihr hinunter, dann auf sein Glied, das stetig in ihr verschwand. Kraftvoll, fiel ihm dazu ein, monoton, dachte er. Seine kraftvolle Monotonie ging ihm langsam auf den Geist. Sie stöhnte leise auf. Jetzt habe ich sie, vermutete er und beschleunigte seine Stöße. Sie aber hatte lediglich deswegen aufgestöhnt, weil er ihr nicht hatte folgen können. Dabei hatte er sie doch früher immer aufgestöbert, gestellt und mitgenommen. Oder war sie es gewesen, die ihn abgefangen und geführt hatte? Sie hätte ihm gerne gesagt, wo sie gerade war und wohin sie jetzt wollte, doch da hätte sie zu weit ausholen und zu lange reden müssen. Und eigentlich hatten ja nun die Körper das Wort. Warum sagten sie einander nichts? Sie überlegte, wie sie sich ehrenhaft aus der Affaire ziehen konnte. Wieder stöhnte sie auf, doch diesmal in der Hoffnung, ihn zu täuschen.

Geschmeichelt biß er sie ins Ohr. Jetzt habe ich sie wirklich, dachte er und spürte Freude darüber, daß sie nicht zu wissen schien, wie wenig sie ihn hatte. Er hatte seine Erektion, und das genügte ihm erst mal. Nun wollte er es ihr besorgen. Gutgelaunt biß er sie ein weiteres Mal ins Ohr.

»Aua«, sagte sie unbedacht und tadelte sich sogleich dafür. In Ekstase sagt man nicht »Aua«. Sie erwog, das »Aua« durch einen sinnlichen Seufzer vergessen zu machen oder doch wenigstens zu neutralisieren, doch sie wußte nur zu gut, daß es dafür bereits zu spät war.

Er fuhr auf. »Habe ich dir weh getan?« fragte er. Jetzt geht das Gerede doch noch los, dachte sie erschrocken und richtete sich ein wenig auf, um seinen Hals zu lecken. Sie fühlte sich schuldig und glaubte, durch ein leidenschaftliches Festsaugen sühnen zu müssen. Er hatte noch ihr »Aua« im Ohr, nun verstörte ihn ihre Zunge am Hals. »Was machst du denn da?« fragte er halblaut. Sogleich tat ihm die Frage wieder leid. War es nicht das gute Recht der leidenschaftlichen Frau, sich am Hals des potenten Mannes festzusaugen, ohne an Folgen zu denken wie Flecken, Vertuschungen und kumpelhafte Kommentare? Aber sagt eine Frau in Ekstase »Aua«?

Sie ließ nicht sogleich ab. Sie wollte die Sache jetzt hinter sich bringen und hoffte, ihn im Sturm mitnehmen und zum Orgasmus mitreißen zu können. Zu seinem Orgasmus, richtiger gesagt, denn an ihren glaubte sie schon lange nicht mehr. Wenn er doch nur an seinen glauben könnte! Sie saugte heftiger.

»Aua«, sagte er. Sie ließ ihren Kopf kraftlos auf das Kissen fallen und öffnete die Augen. Prüfend schauten sie einander an, während unten das Stoßen und Ziehen weiterging. Das hatte nun schon fast gar nichts mehr mit ihnen zu tun.

Jedes Einanderanschauen ist eine Kraftprobe. Irgendwann schaut einer zuerst weg, im normalen Leben. Beim normalen Beischlaf schließt gewöhnlich einer zuerst die Augen. Damit bedeutet er dem anderen, daß er noch auf dem Weg ist und um das Ziel weiß. Mit solch einem einzigen Augenschließen wird oft mehr gelogen als mit vielen Worten.

Noch schaut das Paar sich an. Beide wissen, daß sie ein Mißlingen des Beischlafs nicht zulassen können. Noch nie ist ihnen ein Beischlaf mißlungen, und daraus haben sie immer wieder die Kraft und den Sinn bezogen, erneut miteinander zu schlafen. Denn eigentlich ist so ein Beischlaf ja die unnatürlichste Sache der Welt. Die jeweiligen Körperkräfte und Körpersäfte mochten zwei verschiedene Menschen noch halbwegs koordinieren, aber all das lief doch lediglich auf einen Aneinandervorbeischlaf hinaus, wenn nicht zugleich die Phantasien, die Tag- und Nachtträume – der ganze unaussprechliche Bodensatz der Person also – miteinander ins Gespräch und gemeinsam in Bewegung kamen. Und das bitteschön auch noch sprachlos. Schweigend schauten sie einander an.

Beide hatten Schuld auf sich genommen. Beide hatten sie die geforderte Lust nicht bereitet und nicht erbracht. Jedenfalls nicht eindeutig genug. Lust und Schmerz sind ein ehrwürdiges Gespann, Lust und

Aua schließen einander aus. Beide wußten, daß sie an einem Kreuzweg standen. Aber wo ging's lang?

Droht ein Beischlaf zu mißlingen, sorgt gerade die Nähe der Körper dafür, daß die Gefühle sich immer weiter voneinander entfernen. Sie ist enttäuscht, und er ist beleidigt. Hat er nicht eine sehr brauchbare Erektion vorzuweisen? Noch jedenfalls, denn er ist ja kein Heiliger. Irgendwann ist auch die schönste Erektion zum Teufel, wenn die Frau sie nicht zu würdigen bereit ist. Obwohl der Mann um die Komplexheit der psychophysiologischen Zusammenhänge der weiblichen Lust weiß, hält er das Zusammenspiel der Bedingungen, die einen Mann wie ihn zur Lust befähigen, für ungleich komplizierter. Eigentlich müßten alle Glocken läuten, wenn er eine bombensichere Erektion hat, statt dessen macht sie Schwierigkeiten. Sofort schämt er sich für diesen Gedanken, aber beleidigt ist er trotzdem. Tief in ihm flackert die undeutliche Vorstellung von jener Frau auf, die glücklich und dankbar dafür wäre, eine Erektion wie die seine klaglos genießen und fraglos feiern zu dürfen. Schmerzlich reißt ihn die Erinnerung daran, daß die Frau unter ihm bisher dazu durchaus in der Lage gewesen ist, an seinen Kreuzweg zurück. Welche Richtung soll er nun einschlagen? Forschend schaut er die Frau an, enttäuscht schließt diese die Augen.

Nicht, daß sie von ihm enttäuscht wäre. Da sie dem Mann über ihr gefallen will, möchte sie ihm gerne jede Enttäuschung ersparen, auch die, sie enttäuscht zu haben. Sie würde seine Freude über seine Erektion gerne teilen; daß sie es nicht vermag, sieht sie als ihr Versagen an. Früher war sie dazu in der Lage gewesen, seine Lust als ihr Verdienst zu buchen, erst das Verläßliche, geradezu Mechanische seiner körperlichen Funktionen hatte sie nach und nach verstört. Was hatten diese stetigen Erektionen eigentlich noch mit ihr zu tun? Wieweit galten sie nicht einfach all jenen Auslösern, die sie mit allen anderen Frauen gemein hatte? Er hatte sich einmal für ihre Beinbehaarung begeistert, ein dichtes Vlies, das ihr immer etwas peinlich gewesen war. Dafür, daß er sie liebte, hatte sie ihn an jenem Nachmittag besonders geliebt, und da sie sich nicht allzu häufig lieben konnten – sie war verheiratet –, war ihr dieses Zusammensein in besonderer Erinnerung geblieben. Doch das lag nun schon lange zurück, und dunkel malte sie sich einen Mann aus, der nicht deswegen funktionierte, weil er auf all die Funktionen ansprach, die sie mit ihrem Geschlecht teilte, sondern sie für all das und mit all dem liebte, was sie einzigartig und unverwechselbar machte, und das müßte keine Liebe mit Pauken und Trompeten sein, da würde bereits eine zärtliche Zunge genügen, die die Behaarung ihres Beines gegen den Strich leckte. Warum tat der da über ihr das nicht? Wieso arbeitete er sich derart ab? Weshalb war es nach Lage der Dinge so ganz und gar unmöglich, ihm auf die Sprünge zu helfen? Enttäuscht schloß sie die Augen.

Der Mann, der in den geöffneten Augen der Frau bereits Infragestellung, ja Ablehnung gelesen hatte, wertete ihr Augenschließen als Erfolg. Sie ergab sich also. Nun konnte auch er seine Augen schließen und seine Stöße wieder beschleunigen. Alles würde gut werden, so wie ja immer alles gutgegangen war. Er schloß die Augen und spürte, wie sie ihre Arme um seinen Nacken schlang. Sie zog seinen Kopf ruckartig zu sich hinunter, in der Erwartung, auf ihren Mund zu treffen, öffnete er seinen. Doch in jäher Erinnerung an ihre unerwünschte Zunge hatte sie im letzten Augenblick den Kopf beiseite gedreht, so daß seine Zunge nun auf das Kissen stieß. Das geschah so unvermittelt, daß er verwirrt die Augen öffnete, freilich ohne viel zu sehen. Nun preßten die Arme der Frau sein Gesicht in das Dunkel des Kissens, verärgert schloß er den Mund. Wie kam er eigentlich dazu, ein Kissen abzuschlecken? Er wollte zum Licht zurück, doch ihre verschränkten Arme hinderten ihn daran. Ein Gerangel entstand, das beide nicht richtig zu deuten vermochten. Sie, nun ganz und gar dazu bereit, von sich abzusehen und ihm den Vortritt zu lassen, glaubte, in seinem Ruckeln und Rackeln den Beweis dafür zu erhalten, daß wenigstens er wieder Tritt gefaßt hatte und sich unter seiner Lust wand. Teilnehmend verstärkte sie ihren Griff. Er glaubte, aus dieser Tatsache herauslesen zu können, daß sie dabei war, in Bereiche ganz selbstsicherer, für ihn unbetretbarer Lust abzudriften. Das schmeichelte ihm, zugleich aber wurde die Luft knapp. Er drehte seinen Kopf so weit zur Seite, daß er wieder atmen konnte. Nun lagen ihre beiden Köpfe Hinterkopf an Hinterkopf; dieser stoßweise atmende und aus Gründen, die nichts mehr mit irgendeiner Lust zu tun hatten, seufzende Januskopf aber gehörte zwei Körpern, die einander immer noch Lust bereiten wollten. Noch immer drang der eine Körper in den anderen ein, immer noch kam der andere Körper dem einen stetig entgegen, jeder vom jeweiligen Kopf dazu angehalten, dem anderen Körper das zu bescheren, was nach Ansicht des jeweiligen Kopfes der je andere Körper begehrte und der je andere Kopf ersehnte. Das dauerte an und wurde langsam fad.

Nun sind die Weichen gestellt, in dieser unguten

Stellung müssen die beiden durchhalten. Sie müßten allerdings auch dann weitermachen, wenn sie die Stellung verbesserten. Doch so viel Kraft hat keiner der beiden mehr. Jetzt hofft jeder, der andere möge ihm ein Zeichen geben. Wenn wenigstens einer ankommt, ist das immerhin die halbe Miete. Doch da jeder der beiden nur daran denkt, den anderen ans Ziel zu bringen, bewegt sich nichts mehr. Außer den beiden Körpern natürlich, deren Bewegungen immer unsinniger werden. Noch allerdings glaubt jeder der beiden, die Erkenntnis dieser Unsinnigkeit für sich behalten zu können. Noch schließt jeder der beiden krampfhaft die Augen, da er weiß, daß nun jeder Blick zu beredt wäre. So horchen sie einander ab, jeder in der Hoffnung, dem anderen endlich den erlösenden Seufzer zu entlocken. Fahrt ins Verderben.

Als all das lange genug, ja schon viel zu lange angedauert hatte, beschlossen beide fast gleichzeitig, die glückliche Ankunft wenigstens zu simulieren. Sie beschleunigten ihre Bewegungen und verstärkten ihr Geseufze und Gestöhne. Dieser unerwartete Gleichklang überraschte die Frau und den Mann dermaßen, daß sie ungläubig die Augen aufrissen und die Köpfe einander zuwandten. Das konnte doch nicht wahr sein, daß sie nach all den Ab- und Irrwegen auf einmal gemeinsam ankamen. Sich anblickend erkannten sie, wie unwahr es war. Es war so durch und durch gelogen, daß ihnen die Erkenntnis rasch wieder die Augen verschloß. Doch nun, da sie einander erkannt hatten, gab es keine Rettung mehr. Sie lösten sich voneinander und öffneten die Augen, diesmal, um aneinander vorbeizuschauen. Sie tastete nach ihrer Armbanduhr, die sie zuvor auf dem Fußboden abgelegt hatte. Da!

»Du, ich muß gehen«, sagte sie, »Herbert kommt heute früher.«

Kränkung! Mittwochs war Herbert bisher nie früher gekommen. Wieso kam er ausgerechnet heute früher? Beleidigt setzte er sich auf. Versöhnlich fuhr sie ihm über den Rücken, da blieb ihr Zeigefinger an einer Unebenheit seiner Haut hängen. Gedankenverloren kratzte sie daran. »Laß das«, sagte er. Nun war auch sie beleidigt.

Von da an schwiegen beide, beim Aufstehen, beim Anziehen, beim Gang zur Bushaltestelle.

Der Abschied zog sich etwas, da der Bus auf sich warten ließ. »Gehst du noch wohin?« fragte sie schließlich.

»Nein, ich muß nochmal rauf. Etwas arbeiten.«

»Überarbeite dich mal nicht.« Das war liebevoll gemeint, doch er hörte aus diesen Worten eine Kritik seines Beischlafs heraus. Dabei hatte er doch getan, was er konnte. Sie hatte es nicht gebracht.

»Bald bist du ja wieder bei deinem Herbert«, sagte er.

»Was heißt denn das schon wieder?«

»Genau das, was es besagt.«

»Und was besagt es?«

»Genau das, was es heißt.«

Verärgert blickte sie ihn an, da mußte er lächeln. Was besagte schon heißen, was hieß schon besagen? Das waren doch alles bloß Worte, nicht eindeutig festgestellte, nie wirklich feststellbare Zeichen, die sich fortwährend zu den schönsten Zweideutigkeiten verbinden und nutzen ließen, da genügte ja bereits eine Veränderung des Tonfalls. Mein Element, dachte er, und erinnerte sich fast befremdet daran, was sein Körper noch vor kurzem zusammengestoppelt hatte.

Welch ein restringierter Code, diese Körpersprache! Da gab es nur wahre oder unwahre Aussagen, eigentlich nur wahre, da die Lügen ja doch immer gleich aufflogen – auf einmal kam ihm das ganze, nun schon fast zwei Jahre andauernde Verhältnis ganz unglaublich und ganz und gar unmöglich vor. Immerzu diese Direktheit der Körper! Ihre unveränderlich schlichte Botschaft! Alles Aussagesätze: Ich begehre dich. Ich will dich. Wenn es nicht lediglich Befehlssätze der reduziertesten Sorte waren: Ja! Jetzt! Komm! Keinen Konjunktiv vermochten diese Körper zu bilden, zu keinerlei uneigentlichem Sprechen waren sie fähig. War eine ironische Erektion denkbar, ein ironischer Orgasmus gar? Was immer die Körper einander da mitteilten, bewegten sich ihre Botschaften nicht stets auf Holzhackerniveau? Oder noch darunter? Ich Tarzan, du Jane – war das nicht die eigentliche Quintessenz all der schweißtreibenden Dialoge, die sie miteinander auf dem schmalen Bett geführt hatten?

Wieder mußte er lächeln.

»Woran denkst du gerade?« fragte sie. Statt einer Antwort trommelte er auf seine Brust und stieß einen Tarzan-Schrei aus, der allerdings wegen der Umstehenden ziemlich moderat ausfiel, fast tonlos: Uaaahiohuu.

»Herbert kommt heute wirklich früher«, sagte sie, da sie den nur gehauchten Tarzan-Schrei als humorig formulierte Klage mißverstand. Als wolle sie sein Einverständnis oder doch wenigstens sein Begreifen aus ihm herauspressen und herausschütteln, drückte sie ihre Arme an ihn und rüttelte an seinen Schultern: »Du!«

»Ich Tarzan«, sagte er. »Du Jane?«

»Sei doch mal ein einziges Mal ernst!«

Als ob er das nicht den ganzen Nachmittag über gewesen wäre! Nein, länger noch. Fast zwei Jahre lang. Alles hatte er ernst genommen: Sie, Herbert, die gefährdete Ehe der beiden, das Gefährliche ihrer Liebe, vor allem aber ihre Lust, da die doch die einzige Rechtfertigung dafür gebildet hatte, Eheglück und Seelenfrieden fortwährend aufs Spiel zu setzen – er hatte sich mit der Zeit in einem wüsten Geröllfeld von Gefühls- und Körper-Ernsthaftigkeit verloren, jetzt überkam ihn der Wunsch, sich so rasch wie möglich in den nächstgelegenen Sumpf zu retten, in doppelbödiges Gelände, dorthin, wo Handlungen schon deswegen ohne Folgen blieben, weil sie nichts bewirkten, und Worte, weil sie nichts bedeuteten.

»Woran denkst du?« fragte sie nochmals.

Er hätte es ihr unmöglich mitteilen können. Er wußte, daß es sie nach einem handfesten, sauber in Worte verpackten Stück Gefühls verlangte, nach etwas, womit sie leben konnte, so hatte sie es einmal genannt, dabei verlor doch er sich gerade in einem Gedankenfluß, der ihn immer weiter ins Ungefähre trug. Schon lagen Tarzan und Jane weit hinter ihm, gerade war er durch eine weitere trübe Überlegung geglitten, die, daß er zeit seines Lebens zum Ernstsein angehalten worden war, von Pfarrern erst, dann von Lehrern, schließlich von Frauen; dem Glaubens- und Lernernst war er glücklich entkommen, doch nur, um sich in Körper- und Lusternst zu verfangen; dabei hatte er doch eine Zeitlang selber geglaubt, ein jeder ordentliche Beischlaf außerhalb der Legalität sei ein Tritt in das Gesäß jener Mächte, die ihn einst zur Ordnung gerufen hatten; nun aber meinte er die unheilige Allianz der scheinbaren Widersacher zu durchschauen: War nicht »Mensch, werde wesentlich«

ihre stets gleich lautende Botschaft, und hatte nicht er, der sich immer herzlich unwesentlich vorgekommen war, dauernd simulieren müssen, um wenigstens den Schein zu wahren: Glaubensgewißheit und Lerneifer einst, Körperlust heute nachmittag, doch auch das war ja nicht das erste Mal gewesen, wem brachte er eigentlich all diese Opfer?

»Sag doch endlich einmal, woran du denkst!« bat sie abermals. Forderte sie es nicht vielmehr?

Gedankenkontrolle! War das nicht schon immer das erklärte Ziel all dieser totalitären Mächte gewesen, der Pfarrer, der Lehrer, der Frauen? Jetzt trug es ihn so richtig aus der Kurve, und er genoß es.

Wahrheit und Lüge – ließen sich plumpere, irreführendere Wegweiser durch die Unwegsamkeit des Lebens denken? Hatte die Menschheit nicht lediglich deswegen überlebt, weil zumindest ein Teil der Spezies es erlernt hatte, diese Wegweiser zu unterlaufen, statt ihnen nachzulaufen? In seinem Kopf kreiste und kreißte es, fast entschuldigend nahm er sie in die Arme. Sie schaute ihn forschend an, da kam ein Bus. Es war der falsche, sie vertieften sich wieder ineinander. Er hatte das Gefühl, etwas tun zu müssen; wider bessere Einsicht versuchte er seinem Blick etwas Bedeutungsvolles, mild Schmerzliches zu geben. Vielleicht kam er damit durch.

»Sag doch was!« bat sie.

Er blickte noch schmerzlicher und ließ sich noch genußvoller von seinen Gedanken fortreißen. Ein schwarzer GI mit einem mächtigen Kofferradio gesellte sich zu den Wartenden, und ihm fiel ein Freund ein, von dem er tags zuvor erfahren hatte, wieso ein gemeinsamer Bekannter überraschenderweise in die USA übergesiedelt war: »Der hat doch immer diese vielen Freundinnen gehabt.« Ja und? »Doch dann ist ihm vor einem halben Jahr diese Schwarze über den Weg gelaufen.« Ach was? »Ja, und Bimbo-Mausi hat dann alle anderen Mausis weggebissen«, und nun folgte er ihr in die Staaten – doch das hatte ihn, den Zuhörenden, schon gar nicht mehr interessiert, da seine ganze Begeisterung Bimbo-Mausi und den anderen Mausis gegolten hatte, der Verwandlung von aschgrauem Faktum in glänzende Mitteilung also, jener glorreichen Transsubstantiation von Stoff in Geist, von Wirklichkeit in Schnirklichkeit –

»Sag doch etwas. Bitte!«

Da war die Wirklichkeit wieder! »Mausi«, sagte er beschwörend.

»Was?« Sie fuhr zurück. Gerade wollte er ihr erklären, wieso er diesen zwischen ihnen bisher vollkommen ungewohnten Kosenamen gewählt hatte, da kam ihr Bus. Augenblick der bisher immer nur vorläufigen Trennung, der bisher stets erbrachten Bekräftigung, der bisher verläßlich geleisteten Versprechung, sich wiederzusehen. Heute jedoch zögerten beide. »Du!« sagte sie drängend, schon halb im Bus. »Bimbo-Mausi«, antwortete er und mußte lachen.

»Du Idiot!« Sie stieg in den Bus, ohne sich nach ihm umzudrehen. Sie wandte nicht den Kopf, als der Bus anfuhr, auch nicht, als er sich entfernte.

Gekränkt schaute er dem Bus nach, da fiel ihm ein, daß »Idiot« eigentlich auch ein ganz schön zweideutiges Wort war. Hatte es nicht ursprünglich denjenigen gemeint, der sich aus öffentlichen Angelegenheiten raushielt, einen Privatier? War es nicht erst im Laufe der Jahrhunderte zum Synonym von Tor, Narr, Irrer heruntergekommen? Und trafen nicht beide Bedeutungen auf ihn zu?

»Ich Idiot«, dachte er, und die Worte freuten ihn so sehr, daß er sie halblaut wiederholte: »Ich Idiot.«

Oben hatte er ein Fremdwörterlexikon, heimgekehrt wollte er darin nachlesen, was es mit dem Idioten eigentlich auf sich hatte. Er wandte sich zum Gehen. »Ich Idiot«, sagte er sich, um seinen Vorsatz nicht gleich wieder zu vergessen, »ich Idiot!«

Joachim Ringelnatz

Ein Liebesnacht-Wörtchen

Ja – – ja! – – ja!! – – ja!!! – –
Du hast so süße Höschen.
Nun sind wir allein. Und es ist Nacht.
Ach hätte ich dir doch ein Röschen
Mitgebracht.

Wolf Biermann

Ballade von der beißwütigen Barbara

Sie hat mich beim Küssen gebissen aufs Blut
Sie biß mir nicht nur den Mund.
Und wie ich auch schrie – da lachte sie nur.
So kam ich
                auf den Hund.

Ich briet ihr ein Beefsteak mit Pfeffer und Salz
Für ihren beißgierigen Zahn.
Sie lachte und schmiß es zum Fenster raus
Und küßte
                und biß mich dann.

Ich war auf ihr Rad geflochten wie
Ein armer Küsseklau.
Sie lachte ja nur und sie brach mir so wild
Die Glieder
                die schlimme Frau.

Es hatte mein armer geschundener Leib
Kein heiles Stück Haut und kein Fett.
Doch als ich ihr sagte: bye, bye, mein Kind,
Da biß sie
                in ihr Bett.

Die Wunden sind lange ausgeheilt.
Mich liebt jetzt die sanfte Marie.

Doch wenn ich Marie im Arme halt,
Dann denk ich
DANN DENK ICH
Dann denk ich
nicht an Marie.

Kurt Schwitters

Schnuppe

Mein süße Puppe,
Mir ist alles schnuppe,
Wenn ich meine Schnauze
Auf die deine bautze.

Franz Hohler

Der Kuß

3 Möglichkeiten

I.

Ein verheirateter Mann gab einer Schauspielerin, mit der er an den Rheinfall gefahren war, als er mit dem Auto wartete, bis er in die Hauptstraße einbiegen konnte, einen Kuß. Dabei geriet sein Wagen ins Rollen und kam direkt vor einen Lastwagen, der nicht mehr bremsen konnte. Der Mann und die Schauspielerin waren sofort tot.

II.

Ein verheirateter Mann gab einer Schauspielerin, mit der er an den Rheinfall gefahren war, als er mit dem Auto wartete, bis er in die Hauptstraße einbiegen konnte, einen Kuß. Dabei geriet sein Wagen ins Rollen, streifte den Anhänger eines vorbeifahrenden Lastwagens, wurde auf die gegnerische Fahrbahn geworfen, wo ein korrekt entgegenkommender Lieferwagen die Kollision nicht mehr vermeiden konnte. Der Mann kam mit einigen Rippenbrüchen und einer Gehirnerschütterung davon. Die Schauspielerin jedoch wurde durch den Unfall querschnittgelähmt und mußte fortan durch diesen Mann unterhalten werden, da sowohl er als auch sie nur ungenügend versichert waren. Dies fiel dem Mann um so schwerer, als er die Schauspielerin erst am Tage des Unfalls kennengelernt hatte und von einer Beziehung zwischen ihm und ihr keine Rede sein konnte, was aber wiederum auf seine Frau und die Gesellschaft sehr unglaubwürdig wirkte. Die Beziehung zur Schauspielerin entstand erst jetzt, nach und nach, und der Mann hatte keine Freude an dieser Beziehung, denn die Schauspielerin war dumm und geschwätzig und hatte nun sehr viel Zeit, und die Besuche belasteten sein Familienleben, und auch die Versuche, sie in die Familie zu integrieren, endeten peinlich und mühsam, weder seine Frau noch seine Kinder mochten die Schauspielerin und waren nur höflich zu ihr. Der Mann verfluchte den Tag, an dem er, einer Laune folgend, mit dieser Schauspielerin an den Rheinfall gefahren war, aber es nützte ihm nichts.

III.

Ein verheirateter Mann gab einer Schauspielerin, mit der er an den Rheinfall gefahren war, als er mit dem Auto wartete, bis er in die Hauptstraße einbiegen konnte, einen Kuß. Dabei geriet sein Wagen ins Rollen, und er konnte gerade noch rechtzeitig bremsen, bevor der Lastwagen an ihm vorbeifuhr.

Das hätte schiefgehen können, dachte er.

Die Schauspielerin traf er später nie mehr.

Goffredo Parise

Bacio / Kuß

An einem Sommertag ging eine fünfzigjährige Frau mit einem besonders schönen griechischen Namen an einem Fluß entlang, und während sie eine Wiese mit hohem Gras und Pappeln jenseits des Wasser betrachtete, erinnerte sie sich an einen Kuß.

Sie war zwanzig Jahre alt, er dreizehn, und sie lebten in einer alten italienischen Stadt. Der Junge war der »beste Freund« ihres Bruders geworden, aber sie hatte ihn nie gesehen, nur gehört und ihn sich vage vorgestellt, wenn sie in ihrem Zimmer saß und Infinitesimalrechnung betrieb (sie war die Beste an der Fakultät für Physik), während die beiden Freunde an der Haustür tuschelten. Er war ihr nicht sympathisch: Die Jungen verbrachten zuviel Zeit miteinander, sie hießen Achilles und Patroklos (ihr Bruder war Patroklos, aber es wäre ihr lieber gewesen, ihr Schützling wäre Achill). Ihre Spiele, die alle sein neuer Freund erfand, waren gefährlich und eigenartig. Einmal kam eine Dame ins Haus, um sich zu beschweren: Sie gingen auf den Dächern und den Bäumen in den Gärten spazieren, sie sprängen von Dach zu Ast bis in die großen Eichen drüben im Park.

Der Bruder redete den ganzen Tag vom Bau einer gewissen tavern of Jamaica, aus kleinen Ziegeln, mit Fenstern und winzigen Möbeln, mit der sie sich seit einem Monat beschäftigten. All diese Arbeit, nur um sie in einer Gewitternacht ins Feuer zu werfen und zuzuschauen, wie sie verbrannte. Wer weiß, warum es ihr lieber gewesen wäre, daß diese Freundschaft zu Ende gehen und sie ihn nie sehen würde: Statt dessen sah sie ihn am Weihnachtstag des Jahres 1943, ein paar Minuten nach dem ersten Bombenangriff ihres Lebens: Sie kam zitternd ins Haus, und er rannte hinaus. Aus Angst oder vielleicht aus Erleichterung, sich lebend zu begegnen, fielen sie sich, als hätten sie sich gesucht, in die Arme, und sie erkannten einander, obwohl sie sich vorher nie gesehen hatten. Aber das genügte nicht, um die Abneigung zu überwinden.

Der Krieg ging weiter, sie zog mit ihrer Familie in eine große Villa auf dem Land, die »beiden Heroen« wurden voneinander getrennt, mit Abschiedsszenen und Tränen, aber die Freundschaft war so groß, daß sie einen Weg fanden, wieder zusammenzukommen; auch der Junge zog mit seiner Familie aufs Land, in ein kleines Bauernhaus in nächster Nähe der Villa.

Die Jungen bewegten die Pferde und striegelten sie danach, nachmittags schliefen sie Arm in Arm und verschwitzt im Heu; wenn die Sonne unterging, stiegen sie auf die Dächer, um die Pfauen zu zähmen, abends bauten sie an einem Schiff namens Marianna (wie die praho von Sandokan), das, einmal fertig und in einem Kanal vom Stapel gelassen, mit Hilfe einer Reihe winziger Kanonen versenkt werden sollte. Wozu diese Manie, mit großer Begeisterung etwas zu bauen und dann zu zerstören? fragte sie sich, und dies ließ etwas wie eine Ahnung, zugleich betrübt und lebensfroh, von der Existenz gewisser Dinge in ihr aufkommen, die sie mittels ihrer so lieben und präzisen Gleichungen nicht beweisen konnte. Aber eines frühen Morgens sah sie den Jungen in einem

Auto, totenbleich und vom Schmerz abgemagert, während sie ihn ins Krankenhaus brachten; sie glaubte, er wäre tot, küßte ihn auf den Kopf und lief den ganzen Tag weinend durch die Felder. Er starb jedoch nicht (er hatte seltsame Würmer, die der Medizin unbekannt waren), und sie lachten miteinander, als sie ihn mit ihrem Bruder besuchte, welcher weinte. Er wurde wieder gesund, und sie wurde ihm gegenüber hochmütig wie zuvor. Eines Tages betrachtete sie sich in einem großen Spiegel, und als sie den Jungen bemerkte, der sie beobachtete, spürte sie für einen Augenblick in sich maßlose und staunende Eitelkeit, die sich auch auf ihrem Gesicht zeigte. Der Junge nahm diesen Augenblick wahr (über den sie selbst staunte und errötete), und er war überzeugt, daß er ihn verursacht hatte.

Sie hatte einen Verlobten, einen Medizinstudenten, der Offizier in Griechenland war; sie schrieben sich, und in der Familie hieß es, sobald Krieg und Studium beendet seien, würden sie heiraten. Der Junge stahl diese Briefe und las sie im Heu versteckt in einem Stall; dann brachte er sie an ihren Platz zurück, sie sah ihn, im Schatten ihres Zimmers verborgen, sagte aber nichts. Der Junge las aus den Briefen, daß vielleicht der Verlobte sie liebte, aber sie nicht den Verlobten.

Eines Tages bat sie ihn, ihr zu helfen, das Haar in einem Brunnen zu waschen: Der Junge wusch und bürstete in der Sonne ihre Haare, die kurz, tiefschwarz und sehr lockig waren, aber sein Herz klopfte heftig, seine Hände zitterten, und er dachte voll tiefer Scham, daß er verliebt sei. Aber was war Liebe überhaupt? Jeder der beiden fragte es sich, ohne es vom anderen zu wissen. Sich die Frage mit »sie ist es«

zu beantworten, war für den Jungen unmöglich, verworren, verboten. Für sie, die, wenn sie ihn sah, ein Unbehagen verspürte, das der Freude sehr nahekam, war Liebe eine »ernste« Sache, die sich später, mit der Rückkehr des Verlobten aus dem Krieg, schon einstellen oder aber ganz plötzlich von irgendwoher kommen würde.

Leider erschien sie, oder sie glaubte, sie erscheinen zu sehen, in Form eines jungen deutschen Hauptmanns, einer Art Zigeuner mit tiefschwarzen Augen, der mit großem Gepolter daherkam, um die Villa zu beschlagnahmen. Dann erschienen die Soldaten, und ihre Familie zog in einen Flügel neben der Scheune. Die Deutschen töteten, als gar nicht die richtige Zeit dazu war, Schweine mit schnellen Revolverschüssen in die Stirn, nachts geboten sie den Vorübergehenden Halt und schossen, sie veranstalteten Tanzfeste, an denen nahm sie teil in einem Kleid aus plissiertem Organza, aber der Junge wollte sie nie sehen. Eines Abends sah er sie im Schatten, hörte das Rascheln des Plissées und hielt die ganze Zeit den Atem an. Die Pfauen verließen das Dach der Villa, sie hörte ihren Schrei sich in die Nacht entfernen, während sie wachlag und an den deutschen Hauptmann dachte (er hieß Werner), der im schwarzen Slip, wie eine Schlange in der Sonne ausgestreckt, die Pistole am Gurt auf der schwarzen Haut, sie mit einem gewissen Lächeln ansah, wenn sie vorbeiging. Vor diesem Lächeln machte sie ein Gesicht wie vor dem Spiegel, maßlos eitel, und doch hätte sie alles getan, was er wollte.

Es geschah auch etwas an einem Nachmittag, unzählige Zikaden lärmten in den Kornspeichern der Villa, es hatte mit zahlreichen Kämpfen, Schwitzen und Kratzen zu tun. Aber von diesem Tag an war sie traurig und verändert, sie sah jenen Werner, der Zigarren rauchte und lachte, nicht mehr an und lief für drei Tage von zu Hause fort, sie wollte sich freiwillig zum Hilfskorps der Republik von Salò melden. Sie kehrte jedoch zurück, und als sie voller Freude den Jungen wiedersah, kam ihr der Gedanke: »Was ist nur mit mir los? Er ist doch sieben Jahre jünger als ich.«

Ihre Familie zog überraschend nach Mailand, der Krieg ging zu Ende, die Freundschaft der beiden Jungen hatte in jenem Sommer den Hochpunkt der Parabel schon überschritten, zwei Jahre lang sahen sie sich nicht mehr. Er vergaß schnell und fing an, sich mit Mädchen seines Alters zu treffen; als sie wiederkam, erinnerte er sich an fast nichts mehr, aber sie trafen sich trotzdem wieder, sie sprachen vom Sommer auf dem Land während des Krieges, als ob viele Jahre vergangen seien. Beide hätten sie mehr über jene Tage sagen wollen, aber sie hielten inne mit dem Gefühl, daß man nicht mehr sagen konnte. Dieses ungesagte »Mehr« bewirkte, daß sie sich abends immer häufiger trafen, und der Junge, der »groß« geworden war (er war sechzehn Jahre alt), fuhr sie auf der Stange seines Fahrrads spazieren. Er wußte, daß der Verlobte aus Griechenland zurückgekehrt war, daß sie sich aber voneinander getrennt hatten. Sie wollte in diesem Jahr ihr Examen ablegen, sie sprachen viel von Dingen, die ihnen höchst wichtig erschienen, und sie gab sich den Anschein einer rationalen Skeptikerin, um ihm, der die Vernunft immer als unzureichend und oft als erbärmlich befand, etwas entgegenzusetzen. Er besuchte die Oberschule und las viel, sie behauptete, Hegel zu mögen (aber das war nicht wahr, sie wußte nichts über Hegel), er sagte, er möge ihn nicht. Über Marx sprach man damals unter jungen Leuten weniger, man hatte nur vage Kenntnisse über ihn, jedenfalls skizzierten sie ihn nur grob und »übersprangen« ihn. Ihre Familie war auf seiten der Faschisten gewesen, sein Großvater war Anarchist, und der Enkel mehr oder weniger auch. Zwar erinnerte er sich an den Satz »Eigentum ist Diebstahl«, den er in frühester Kindheit gehört hatte, aber er verwendete ihn nicht: auch wenn etwas Wahres daran war, erschien es ihm falsch, den Satz auszusprechen.

Es geschah, daß sich der Junge auf einen Schlag bis über beide Ohren in eine »blonde Signora« verliebte, der alle Schüler nachschauten, seine Chancen standen gut, aber das, was alle Schulkameraden vermuteten, tat er mit der »blonden Signora« nicht. Er tat es deshalb nicht, weil er an sie dachte und sich schämte. Auch sie dachte an ihn. Eines Tages sah sie, wie er das Haus der »blonden Signora« verließ, er trug kurze Cordsamthosen, Tennisschuhe und eine leichte, ein wenig ausgebleichte Jacke aus blauem Baumwollstoff mit Reißverschluß. Sie errötete, sie neigte den Kopf, der Junge lief in seinen Tennisschuhen lautlos hinter ihr her; sie tat, als ob nichts wäre, begriff aber, daß jenes so komplizierte und nicht sagbare »Mehr« in Wirklichkeit etwas ganz Einfaches war. Eines Tages sagte sie: »Zwischen uns gibt es etwas, das mehr ist als Freundschaft.« Sie dachte aber: »Wie ist das möglich? Er ist sieben Jahre jünger als ich, ich bin eine Frau, und er ist ein Kind.«

Sie begannen, sich bei den Händen zu halten, das dauerte zwei Monate und länger, und eines Abends, als sie im Gras unter einer Pappel an einem Fluß lagen, sprachen sie nicht und hielten sich auch nicht an den Händen. Der Junge sagte sich: »Jetzt küsse ich sie«, und sie dachte, er würde sie küssen, sie wartete darauf und stellte es sich vor. Aber es vergingen mehr als zwei Stunden, tout était dans l'air, nichts geschah, und sie drehte den Kopf zur Seite, kaute an einem Grashalm und dachte: »Ich wußte es, es geht einfach nicht, er ist sieben Jahre jünger als ich, und ich gefalle ihm nicht, weil ich zu alt bin.« Aber der Junge drehte sich um, und mit einer Bestimmtheit, die ihr grenzenlos erschien, nahm er den Grashalm aus ihrem Mund und legte seine geschlossenen Lippen auf die ihren.

H. C. Artmann

mylady mit dem blauen hut,
ich finde sie so äußerst chic,
ihr angewandter silberblick,
der fest auf meinem frischen frackhemd ruht,
geht mir wie amors pfeil durchs blut.

die jazzband dudelt im savoy,
man tanzt den english waltz, den fox,
im whisky klirren kühl die rocks,
ich hoff, madame, sie bleiben mir doch treu,
klopf an das stuhlbein, toi, toi, toi!

sie rauben mir perfekt die ruh,
wie klimpern ihre wimpern keck,
madame, ich bin vor liebe weg,
der ober drückt bereits ein auge zu,
mir sinkt das herz bis in die schuh.

ich bin bekannt mit vielen fraun
und mit den meisten kaum per sie,
ein tête-à-tête, ein vis-à-vis,
und mir ist auch schon nimmermehr zu traun,
wenn sie aus schönen augen schaun.

jedoch vor ihnen bin ich scheu,
pardon, ich staune über mich,
das läuft mir förmlich gen den strich,
mir ist das wirklich gar nicht einerlei,
so sie und ich hier im savoy.

mylady mit dem blauen hut,
wie kann denn sowas möglich sein,
trotz curaçao, chartreuse und wein
verlier ich plötzlich meinen ganzen mut
vor ihrer blicke heißer glut.

Ödön von Horváth

Geschichte einer kleinen Liebe

Still wirds im Herbst, unheimlich still.

Es ist alles beim alten geblieben, nichts scheint sich verändert zu haben. Weder das Moor noch das Ackerland, weder die Tannen dort auf den Hügeln noch der See. Nichts. Nur, daß der Sommer vorbei. Ende Oktober. Und bereits spät am Nachmittag.

In der Ferne heult ein Hund und die Erde duftet nach aufgeweichtem Laub. Es hat lange geregnet während der letzten Wochen, nun wird es bald schneien. Fort ist die Sonne und die Dämmerung schlürft über den harten Boden, es raschelt in den Stoppeln, als schliche wer umher. Und mit den Nebeln kommt die Vergangenheit. Ich sehe Euch wieder, Ihr Berge, Bäume, Straßen – wir sehen uns alle wieder!

Auch wir zwei, du und ich. Dein helles Sommerkleidchen strahlt in der Sonne fröhlich und übermütig, als hättest du nichts darunter an. Die Saat wogt, die Erde atmet. Und schwül wars, erinnerst du dich? Die Luft summte, wie ein Heer unsichtbarer Insekten. Im Westen droht ein Wetter und wir weit vom Dorfe auf schmalem Steig, quer durch das Korn, du vor mir – Doch, was geht das Euch an?! Jawohl, Euch, liebe Leser! Warum soll ich das erzählen? Tut doch nicht so! Wie könnte es Euch denn interessieren, ob zwei Menschen im Kornfeld verschwanden! Und dann gehts Euch auch gar nichts an! Ihr habt andere

Sorgen, als Euch um fremde Liebe – und dann war es ja überhaupt keine Liebe! Der Tatbestand war einfach der, daß ich jene junge Frau begehrte, besitzen wollte. Irgendwelche »seelische« Bande habe ich dabei weiß Gott nicht verspürt! Und sie? Nun, sie scheint so etwas wie Vertrauen zu mir gefaßt zu haben. Sie erzählte mir viele Geschichten, bunte und graue, aus Büro, Kino und Kindheit, und was es eben dergleichen in jedem Leben noch gibt. Aber all das langweilte mich, und ich habe des öfteren gewünscht, sie wäre taubstumm. Ich war ein verrohter Bursche, eitel auf schurkische Leere.

Einmal blieb sie ruckartig stehen:

»Du«, und ihre Stimme klang scheu und verwundet. »Warum läßt du mich denn nicht in Ruh? Du liebst mich doch nicht, und es gibt ja so viele schönere Frauen.«

»Du gefällst mir eben«, antwortete ich und meine Gemeinheit gefiel mir über alle Maßen. Wie gerne hätte ich diese Worte noch einige Male wiederholt!

Sie senkte das Haupt. Ich tat gelangweilt, kniff ein Auge etwas zu und betrachtete die Form ihres Kopfes. Ihre Haare waren braun, ein ganz gewöhnliches Braun. Sie trug es in die Stirne gekämmt, so wie sie es den berühmten Weibern abgeguckt hatte, die für Friseure Reklame trommeln. Ja, freilich gibt es Frauen, die bedeutend schöneres Haar haben und auch sonst – Aber ach was! Es ist doch immer dasselbe! Ob das Haar dünkler oder heller, Stirn frei oder nicht –

»Du bist ein armer Teufel«, sagte sie plötzlich wie zu sich selbst. Sah mich groß an und gab mir einen leisen Kuß. Und ging. Die Schultern etwas hochgezogen, das Kleid verknüllt –

Ich lief ihr nach, so zehn Schritte, und hielt.

Machte kehrt und sah mich nicht mehr um.

Zehn Schritte lang lebte unsere Liebe, flammte auf, um sogleich wieder zu verlöschen. Es war keine Liebe bis über das Grab, wie etwa Romeo und Julia. Nur zehn Schritte. Aber in jenem Augenblick leuchtete die kleine Liebe, innig und geläutert, in märchenhafter Pracht.

Bertolt Brecht

Morgens und abends zu lesen

Der, den ich liebe
Hat mir gesagt
Daß er mich braucht.

Darum
Gebe ich auf mich acht
Sehe auf meinen Weg und
Fürchte von jedem Regentropfen
Daß er mich erschlagen könnte.

Ernst Molden

es geht voran

ich komme deine stille streifen
ich werd nach deinem willen greifen
ich werde deine plage und
ich liebe dich
ich komme deine stunden zählen
ich lasse dich von hunden quälen
ich strafe deine tage und
ich liebe dich

am tage unserer hochzeit aber
male ich dich purpurfarben an
und du wirst sehn
es geht voran

ich laß dich bei den ratten bleiben
ich wills mit deinem schatten treiben
ich raube dir dein staunen und
ich liebe dich
ich werde dein geheimnis finden
und es fest an meines binden
so sind meine launen und
ich liebe dich

ich bring dir jeden morgen deine blumen
die kein anderer finden kann
und du wirst sehn
es geht voran

am tage unserer hochzeit aber
male ich dich purpurfarben an
und du wirst sehn
es geht voran

Joachim Ringelnatz

Ich habe dich so lieb

Ich habe dich so lieb!
Ich würde dir ohne Bedenken
Eine Kachel aus meinem Ofen
Schenken.

Ich habe dir nichts getan.
Nun ist mir traurig zu Mut.
An den Hängen der Eisenbahn
Leuchtet der Ginster so gut.

Vorbei – verjährt –
Doch nimmer vergessen.
Ich reise.
Alles, was lange währt,
Ist leise.

Die Zeit entstellt
Alle Lebewesen.
Ein Hund bellt.
Er kann nicht lesen.
Er kann nicht schreiben.
Wir können nicht bleiben.

Ich lache.
Die Löcher sind die Hauptsache
An einem Sieb.

Ich habe dich so lieb.

Ernst Jandl

liegen, bei dir

ich liege bei dir. deine arme
halten mich. deine arme
halten mehr als ich bin.
deine arme halten, was ich bin
wenn ich bei dir liege und
deine arme mich halten.

Erich Fried

Nachtgedicht

Dich bedecken
nicht mit Küssen
nur einfach
mit deiner Decke
(die dir
von der Schulter
geglitten ist)
daß du
im Schlaf nicht frierst

Später
wenn du
erwacht bist
das Fenster zumachen
und dich umarmen
und dich bedecken
mit Küssen
und dich
entdecken

Theodor Kramer

Ich möcht mit dir, Liebste, gern liegen

Ich möcht mit dir, Liebste, gern liegen
in den Betten, in denen ich lag,
und hören ans Fenster die Fliegen
verschlafen schlagen vor Tag.

Gern hört ich die Milchwagen fahren
und röch in den Rillen die Spreu;
ich pflückte dir gern aus den Haaren
im schummrigen Stadel das Heu.

Gern stopfte ich in die Matratzen
dir sorgsam das Seegras zurück,
genösse, wenn draußen die Spatzen
laut tschilpen, das flüchtige Glück.

Ich stünd mit dir gern in den Nischen
und hätte im Stehen dich gern;
ganz aus möcht mein Leben ich wischen,
mit dir es zu leben, mein Stern.

Robert Musil

An ein unbekanntes Fräulein

Unbekanntes kleines Fräulein!

Weil ich Sie nicht kenne, schreibe ich Ihnen durch die Zeitung. Ja, indem ich mir die Umstände unserer Begegnung überlege, wird mir klar, daß ich an jemand schreibe, den es gar nicht mehr gibt oder doch nur in höchst schattenhafter Weise. Jene Begegnung vollzog sich aber unter sehr alltäglichen Umständen. Sie stiegen in einen Wagen der Straßenbahn ein, worin ich saß. Ich vermute, daß Sie mich unter den wenigen Fahrgästen bemerkt haben werden, denn Sie trugen ein ungemein gehaltenes Wesen zur Schau, ganz kleine Dame, die es fühlt, daß man sie betrachtet. In Ihrer Gesellschaft befand sich ein Herr meines eigenen Alters, der mir auch gefiel; er konnte ein viel älterer Bruder sein, aber wenn er Ihr Vater gewesen sein sollte, so erwies er sich Ihnen in einer jugendlichen Weise gleichgestellt und gar nicht herrisch, und ich möchte vermuten, daß Sie seinen Gedanken in einer ähnlichen Weise schmeichelten wie den meinen. Ich schätze, daß Sie damals höchstens vierzehn Jahre alt waren. Sie trugen ein straßenfarbenes Samtkleid, das in der Mitte eng anlag, so daß der etwas schwere und doch bildsame Stoff darüber und darunter die Reife der weiblichen Erscheinung vortäuschte, ohne daß doch der Figur das Kindhafte genommen worden wäre. Mir war sogleich der Name »Kind-Frau« eingefallen, als ich Sie ansah. Ihr Samtkleid hatte an den engen Ärmeln Stulpen aus Pelz und war auch unten mit Pelz verbrämt, wo es einen weiten Radsaum bildete; und es gemahnte ein wenig an ein Nationalkostüm oder an ein Eislaufkostüm, aber es war wahrscheinlich überhaupt kein Kleid, sondern ein Mantel: Sie selbst werden das gewiß heute noch wissen und sich gern daran erinnern, ich aber kann zu meiner Entschuldigung nur anführen, daß Bewunderung eben immer viel genauer beobachtet als Selbstbewunderung, die sachlich vor dem Spiegel auf die Einzelheiten eingeht und sie prüft.

Vielleicht ist diese Ausrede falsch, aber jedenfalls gibt sie zu, daß meine Bewunderung unsachlich und in einem nicht ganz einwandfreien Sinne romantisch war, was auch ganz natürlich ist, denn die Möglichkeit, mich in Sie zu verlieben, lag ja gerade darin, daß ich nicht im vollen Bewußtsein der Wirklichkeit handelte, die mir das nicht erlaubt hätte. Lassen Sie uns das gute, alte Wort Traum dafür gebrauchen: dort begegnet man einem Menschen, erkennt, wer er ist, und weiß, daß er ein anderer ist; in ähnlicher Weise, tief im Bergwerk, über dem wir uns sonst bewegen, blieben Sie für mich ein Kind und waren doch eine in den Maßen verkleinerte Frau – zehn Minuten lang, ehe Sie ausstiegen und mir verlorengingen, ohne daß ich mich dagegen wehrte. Die Art, wie Sie eintraten, sich setzten und dem Schaffner ein wenig nachlässig das Geld reichten (denn Sie taten das, und nicht Ihr Begleiter), war ohne jede Spur jener Affektation, mit der ein Kind so etwas tut; und die Züge Ihres Gesichts, das ich mit seinem dunklen Rot, den starken Brauen, den vollen Lippen und der ein wenig aufgebogenen Nase noch vor mir sehe, waren zwar Ihren Jahren voraus, aber trotzdem bildeten sie nicht etwa nur das verkleinerte Gesicht einer erwachsenen Frau. Es fällt mir dabei ein, daß man Ihre Erscheinung auch ganz und gar nicht mit einer »Knospe« vergleichen durfte, denn die Form einer solchen ist zwar jugendlich, aber hart und entschieden, und der Liebreiz Ihrer verfrüht aufgeblühten Kindhaftigkeit glich eher einer Blume ohne Wurzeln, ja ohne Stiel.

Mehr habe ich Ihnen eigentlich nicht zu sagen. Und ich habe weder eine Moral noch eine Unmoral daraus abzuleiten: offenbar lag unsere Begegnung zwischen diesen beiden Möglichkeiten, und es sind ja auch schon über zehn Jahre seither ohne Folgen vergangen. Zuweilen erinnern Sie mich daran, daß es allerhand Geschichten von Frauen gibt, die eine geheimnisvolle Herkunft aus Baumästen, Quellen oder Retorten hatten, Frauen, die nicht ganz Frau waren und mit diesem Nicht-Ganz die Männer bis zum Märchenerfinden reizten. Es ist das offenbar eine Phantasie, die der Mannsperson aus vielerlei Gründen ans Herz geht. Und andererseits frage ich mich, was wohl Sie noch von dem kleinen Mädchen wissen mögen, das es nicht erwarten wollte, Sie zu werden, und sicher jetzt ein wenig davon enttäuscht ist.

Emily Dickinson

Alle Briefe, die ich schreibe
Sind nicht schön wie dieser
Silben aus Sammet –
Sätze aus Plüsch,
Rubinrote Tiefen, ungeschöpft,
Birgt die Lippen für dich –
Spiele sie wäre ein Kolibri –
Und er schlürfte – mich –

August Graf von Platen

an Justus von Liebig

Seit vielen Wochen erwarte ich von Tag zu Tag eine Antwort auf meine beiden Briefe, ein Wort von Dir; aber vergebens. Ich erwarte Dein Bild, das Du mir so lange versprochen; aber vergebens. Ich glaubte so fest, daß wir uns nahe bleiben würden, ich glaubte so fest, daß unsre Correspondenz ununterbrochen sein würde, aber nun sehe ich mich leider betrogen. Hat Dir in meinem letzten Briefe etwas mißfallen, so hast Du das Recht, es mir zu sagen, aber nicht das Recht zu schweigen.

Ich habe gerade in diesem Augenblicke hier einen schönen Kreis von Freunden, und man sollte meinen, daß ich Dich entbehren könnte. Allein ich habe keine wahre Ruhe ohne Dich, und Du wohnst im Hintergrund meiner Seele. Ist es doch schmerzlich genug, daß ich Dich nicht um mich habe, daß ich Dich nicht mit denen bekannt machen kann, die ich achte, und die Dich auch achten sollten! Ich rede nicht mit Dir im Tone eines Bittenden; Du wirst, Du mußt mir schreiben, Du, den ich über alles liebe. Das Leben ist voll blinder Schickungen, voll unstäter Verbindungen; aber eine ist wahr, aber eine ist dauernd. Du bist mein, was für ein Eigenthum willst Du Dir über Dich selbst anmaßen? Ich will schließen, denn auf diese Weise könnte ich in's Unendliche fortschreiben.

P.

Ingeborg Bachmann

Ein Schritt nach Gomorrha

Die letzten Gäste waren gegangen. Nur das Mädchen in dem schwarzen Pullover und dem roten Rock saß noch da, hatte sich nicht mit den anderen erhoben. Sie ist betrunken, dachte Charlotte, als sie ins Zimmer zurückkam, sie will mit mir allein sprechen, mir womöglich etwas erzählen, und ich bin todmüde. Sie schloß die Tür, in der sie zögernd gestanden hatte, um dem letzten Gast noch eine Möglichkeit zu geben, die offenstehende Tür wahrzunehmen, und nahm von der Kommode einen Aschenbecher, über dessen Rand kleine Aschenhäute rieselten. Im Zimmer: die verrückten Stühle, eine verknüllte Serviette auf dem Boden, die gedunsene Luft, die Verwüstung, die Leere nach dem Überfall. Ihr wurde übel. Sie hielt noch ein brennendes Zigarettenende in der Hand und versuchte, es hineinzudrücken in den Haufen von Stummeln und Asche. Es qualmte jetzt. Sie sah blinzelnd hinüber zu dem Sessel in der Ecke, auf herabhängendes Haar, das rötlich glänzte, auf den roten Rock, der, wie eine Capa ausgebreitet, über die Beine des Mädchens fiel und in einem Halbkreis Füße, Teppich und Sessel verdeckte, am Boden schleifte. Mehr als das Mädchen selbst, sah sie alle diese unstimmigen vielen Rottöne im Raum: das Licht, das durch einen roten Lampenschirm mußte, mit einer flirrenden Staubsäule davor; eine Reihe von roten Bücherrücken dahinter auf einem Regal; den filzigen wilden Rock und die matteren Haare. Nun war einen Augenblick lang alles so, wie es nie wieder sein konnte – ein einziges Mal war die Welt in Rot.

Die Augen des Mädchens gingen darin auf, zwei feuchte, dunkle, betrunkene Objekte, und trafen die Augen der Frau.

Charlotte dachte: ich werde sagen, daß ich mich schlecht fühle und schlafen gehen muß. Nur diesen einen höflichen passenden Satz muß ich finden, sie damit zum Gehen bringen. Sie muß gehen. Warum geht sie nicht? Ich bin todmüde. Warum gehen Gäste nie? Warum bloß ist sie nicht mit den anderen gegangen?

Aber der Augenblick war vertan, sie war zu lange schweigend dagestanden; sie ging leise weiter in die Küche, säuberte den Aschenbecher, wusch sich rasch das Gesicht, wusch den langen Abend weg, das viele Lächeln, die Aufmerksamkeit, das angestrengte die Augen-überall-haben. Vor ihren Augen blieb zurück: der weite Rock mit dem Todesrot, zu dem die Trommeln hätten gerührt werden müssen.

Sie wird mir eine Geschichte erzählen. Warum gerade mir? Sie bleibt, weil sie mit mir sprechen will. Hat kein Geld oder findet sich nicht zurecht in Wien, kommt von da unten, eine Slowenin, halbe Slowenin, von der Grenze, jedenfalls aus dem Süden, der Name klingt auch danach, Mara. Irgend etwas wird es schon sein, eine Bitte, eine Geschichte, irgendeine, mit der sie mich um den Schlaf bringen will. Zuviel allein wird sie natürlich in Wien sein oder sie ist in irgendeine Geschichte geraten. Franz fragen nach diesem Mädchen, morgen.

Morgen!

Charlotte erschrak, memorierte rasch ihre Pflichten: morgen früh Franz abholen, den Wecker stellen, frisch sein, ausgeschlafen sein, einen erfreuten Eindruck machen. Es war keine Zeit mehr zu verlieren. Sie füllte rasch zwei Gläser mit Mineralwasser und trug sie ins Zimmer, reichte eines dem Mädchen, das schweigend austrank und dann, während es das Glas wegstellte, brüsk sagte: Morgen kommt er also zurück.

Ja, sagte Charlotte. Zu spät verletzt, fügte sie hinzu: Wer? – Es war zu spät.

Er ist oft verreist. Da sind Sie viel allein.

Manchmal, nicht oft. Das wissen Sie doch.

Sie möchten, daß ich gehe?

Nein, sagte Charlotte.

Ich hatte das Gefühl, daß der Mann, der soviel gesprochen hat, auch noch gern geblieben wäre …

Nein, sagte Charlotte.

Ich hatte das Gefühl … Mara verzog den Mund.

Charlotte war zornig, aber sie antwortete, noch immer höflich: Nein, gewiß nicht. – Sie stand auf. Ich werde uns einen Kaffee kochen. Und dann rufe ich ein Taxi.

Jetzt war ihr der Satz gelungen, sie hatte wieder Boden unter den Füßen, hatte dem Mädchen bedeutet, daß sie das Taxi bezahlen werde, und sie hatte sich vor allem diese Bemerkung verbeten.

Mara sprang auf und griff nach Charlottes Arm.

Nein, sagte sie, ich will das nicht. Sie sind heut abend oft genug in die Küche gelaufen. Wir können draußen Kaffee trinken. Kommen Sie. Gehen wir weg, weit weg. Ich kenne da eine Bar. Wir gehen, nicht wahr? – Charlotte befreite ihren Arm und ging, ohne Antwort, die Mäntel holen. Sie schob das

Mädchen zur Tür hinaus. Sie war erleichtert. Im Treppenhaus, das dunkel war und nur in jeder Biegung von der Laterne im Hof schwach erleuchtet wurde, kam ihr Maras Hand entgegen, griff wieder nach ihrem Arm. Sie fürchtete, daß das Mädchen stürzen könne, und zog und stützte es zugleich, bis sie unten waren und das Tor erreicht hatten.

Der Franziskanerplatz lag da wie ein Dorfplatz, still. Geplätscher vom Brunnen, still. Man hätte gerne Wiesen und Wälder von nah gerochen, einen Blick nach dem Mond getan, zum Himmel, der sich wieder dicht und nachtblau eingestellt hatte nach einem lärmigen Tag. In der Weihburggasse ging niemand. Sie gingen rasch hinauf bis zur Kärntner Straße, und plötzlich nahm Mara wieder, wie ein furchtsames Kind, Charlottes Hand. Sie hielten einander an den Händen und gingen noch rascher, als verfolgte sie jemand. Mara fing zu laufen an, und zuletzt liefen sie wie zwei Schulmädchen, als gäbe es keine andere Gangart. Maras Armbänder klirrten, und eines drückte gegen Charlottes Handgelenk und schmerzte, trieb sie an.

Von Unsicherheit befallen, sah Charlotte sich in dem luftlosen und heißen Vorraum der Bar um. Mara hielt ihr die Tür ins Innere auf. Wieder war alles rot. Nun waren auch die Wände rot, höllenrot, die Stühle und die Tische, die Lichter, die wie Verkehrsampeln auf ihre Ablösung durch das grüne Licht des Morgens warteten und nun die Nacht aufhalten und die Menschen anhalten wollten in der Nacht, im Rauch, im Rausch. Aber diese Rottöne waren, weil kein Zufall sie angerichtet hatte, dennoch schwächer in der Wirkung als das erste viele Rot von vorhin, sie schwächten auch die Erinnerung daran, und Maras Haare und ihr weiter Rock wurden in dem gähnenden Rachen Rot verschlungen.

Es wurde lustlos getrunken und getanzt; trotzdem hatte Charlotte das Gefühl, in einen Höllenraum gelangt zu sein, gebrannt und leiden gemacht zu werden von ihr noch unbekannten Torturen. Die Musik, der Stimmenlärm folterten sie, denn sie hatte sich unerlaubt aus ihrer Welt entfernt und fürchtete, entdeckt und gesehen zu werden von jemand, der sie kannte. Mit geducktem Kopf ging sie hinter Mara zu dem Tisch, an den sie der Kellner wies, einen langen Tisch, an dem schon zwei Männer in dunklen Anzügen saßen und, entfernter, ein junges Paar, das nicht einen Augenblick aufsah, sich gegenseitig mit den Fingerspitzen berührte. Rundherum fluteten und drückten die Tanzenden, wie von den Planken eines untergehenden Schiffes abrutschend, gegen den Tisch, stampften auf den Boden, auf dem auch der Tisch in Gefahr geriet, als wollten sie in die Tiefe. Alles schwankte, rauchte, dunstete in dem Rotlicht. Alles wollte in die Tiefe, lärmumschlungen tiefer, lustlos tiefer.

Charlotte bestellte Kaffee und Wein. Als sie wieder aufsah, war Mara aufgestanden und hatte begonnen, einen Meter entfernt von ihr, zu tanzen. Erst schien es, als wäre sie allein, aber dann war auch der Mann wahrzunehmen, der mit ihr tanzte, ein erhitzter dünner Bursche, ein Lehrling oder Student, der mit den Hüften und Beinen schlenkerte, auch allein für sich tanzte und nur hin und wieder nach Maras Händen griff oder sie kurz in den Arm nahm, um sie dann gleich wieder von sich zu stoßen und ihren eigenen erfinderischen Bewegungen zu überlassen. Mara wandte ihr Gesicht Charlotte zu, lächelte, wand sich, warf die

Haare mit der Hand hoch. Einmal hüpfte sie ganz nahe zu Charlotte hin und verbeugte sich zierlich.

Sie erlauben doch?

Charlotte nickte steif. Sie wandte sich ab, trank in kleinen Schlucken; sie wollte das Mädchen nicht stören, indem sie es beobachtete. Ein Mann trat hinter ihren Stuhl und forderte sie zum Tanzen auf. Sie schüttelte den Kopf. Sie klebte auf ihrem Stuhl, und ihre Zunge klebte, schon wieder trocken, fest in ihrem Mund. Sie wollte aufstehen, heimlich gehen, wenn Mara nicht hersah. Aber sie ging nicht – doch das wußte sie erst später ganz deutlich –, weil sie keinen Augenblick lang das Gefühl hatte, daß Mara tanzte, um zu tanzen, oder daß sie mit jemand hier tanzen oder hierbleiben oder sich vergnügen wollte. Denn sie sah immerzu her, führte ihren Tanz nur auf, damit Charlotte hinsah. Sie zog ihre Arme durch die Luft und ihren Körper durch den Raum wie durch Wasser, sie schwamm und stellte sich zur Schau, und Charlotte, endlich bezwungen und um endlich ihren Blicken eine unverkennbare Richtung geben zu können, folgte ihr bei jeder Bewegung.

Ende der Musik. Eine atemlose, strahlende Mara, die sich setzte und nach Charlottes Hand griff. Ineinander verschlungene Hände. Geflüster. Sind Sie böse? Kopfschütteln. Eine große Dumpfheit. Jetzt aufstehen und gehen können, diese kleinen klettenhaften Hände loswerden können. Charlotte befreite mit einem Ruck ihre rechte Hand, griff nach dem Weinglas und trank. Auch der Wein ging nicht aus, wieviel davon sie auch trinken mochte. Die Zeit ging nicht aus; diese Blicke, diese Hände, sie gingen nicht aus. Die beiden Männer am Tisch wandten sich an Mara, tuschelten mit ihr, lachten ihr zu.

Machen wir eine Brücke, Fräulein?

Mara hob ihre Hände, spielte mit den Händen der Männer ein kurzes Spiel, das Charlotte nicht kannte. Nein, keine Brücke, keine Brücke! rief sie lachend, kehrte den Männern ebenso plötzlich den Rücken, wie sie sich mit ihnen eingelassen hatte, und tauchte, heimkehrend, mit ihren Händen unter Charlottes Hände, die weiß und kalt nebeneinander auf dem Tisch lagen.

Ach, die Damen wollen unter sich sein, sagte der eine der Männer und lachte gutmütig seinem Freund zu. Charlotte schloß die Augen. Sie spürte den Druck von Maras harten Fingern und erwiderte ihn, ohne zu wissen warum und ohne es zu wünschen. Ja, so war das. Das war es. Sie kam langsam wieder zu sich, hielt die Augen unverwandt vor sich nieder auf die Tischplatte und rührte sich nicht. Sie wollte sich nie mehr rühren. Es konnte ihr jetzt gleich sein, ob sie gingen oder blieben, ob sie bis zum Morgen ausgeschlafen sein würde oder nicht, ob diese Musik weiterging, jemand sie ansprach, jemand sie erkannte …

Du, sag etwas! Du … gefällt es dir hier nicht? Gehst du denn nie tanzen, nie aus, um zu trinken …? Sag etwas!

Schweigen.

Sag doch etwas. Lach ein bißchen. Hältst du das aus, dort oben bei dir? Ich könnte das nicht aushalten, allein herumgehen, allein schlafen, allein in der Nacht und tags arbeiten, immer üben … Oh, das ist furchtbar. Das hält niemand aus!

Charlotte sagte mühsam: Gehen wir.

Sie fürchtete, loszuweinen.

Als sie auf der Straße waren, fand sie wieder den Satz nicht, der sie schon einmal gerettet hatte. Früher war der Satz möglich gewesen: Ich lasse Ihnen ein Taxi rufen ... Aber jetzt hätte sie diesen Satz übersetzen müssen in einen Satz mit einem Du. Diesen Satz konnte sie nicht bilden. Langsam gingen sie zurück. Charlotte steckte ihre Hände in die Manteltaschen. Ihre Hand wenigstens sollte Mara nicht mehr haben.

Die Stiegen am Franziskanerplatz fand Mara diesmal ohne Hilfe, ohne Frage im Dunkel. Sie ging voraus, als wäre sie diese Stiege schon oft hinauf- und hinuntergegangen. Charlotte steckte den Schlüssel ins Schloß und hielt inne, »Unsere Wohnung« konnte das nicht mehr sein, wenn sie jetzt wirklich aufschloß, Mara nicht noch hinunterstieß über die Stiegen. Ich müßte sie hinunterstoßen, dachte Charlotte und drehte den Schlüssel.

Drinnen schlang Mara, im nächsten Augenblick, die Arme um ihren Hals, hing wie ein Kind an ihr. Ein kleiner rührender Körper hängte sich an den ihren, der ihr mit einemmal größer und stärker als sonst vorkam. Charlotte befreite sich mit einer raschen Bewegung, streckte den Arm aus und machte Licht.

Sie setzten sich im Zimmer, wie sie zuletzt dagesessen hatten, und rauchten.

Das ist Wahnsinn, du bist wahnsinnig, sagte Charlotte, wie ist das nur möglich ...? Sie hielt inne, sprach nicht weiter, so lächerlich kam sie sich vor. Sie rauchte und dachte, daß diese Nacht kein Ende nehmen werde, daß diese Nacht ja erst im Anfang war und womöglich ohne Ende.

Vielleicht blieb Mara jetzt für immer da, immer, immer, immer, und sie selber würde nun für immer nachdenken müssen, was sie getan oder gesagt habe, um schuld daran zu sein, daß Mara da war und dablieb.

Als sie hilflos zu dem Mädchen hinübersah, bemerkte sie, daß Tränen aus Maras Augen liefen.

Wein doch nicht. Bitte, wein nicht.

Du willst mich nicht. Niemand will mich.

Bitte, wein nicht. Du bist sehr lieb, sehr schön, aber …

Warum willst du mich nicht? Warum? – Neue Tränen.

Ich kann nicht.

Du willst nicht. Warum? Sag bloß, warum du mich nicht magst, dann gehe ich! – Mara fiel auf die Knie; langsam kippte sie aus dem Sessel, kam auf die Knie zu liegen und legte den Kopf in Charlottes Schoß. Dann gehe ich, dann bist du mich los.

Charlotte rührte sich nicht, sie sah, rauchend, nieder auf das Mädchen, studierte jeden Zug in dem Gesicht, jeden ausbrechenden Blick. Sehr lange und sehr genau sah sie es an.

Das war Wahnsinn. Noch nie hatte sie … Einmal, in der Schulzeit, als sie der Geschichtslehrerin die Hefte ins Konferenzzimmer hatte bringen müssen und niemand sonst in dem Raum war, war die aufgestanden, hatte den Arm um sie gelegt, sie auf die Stirn geküßt. »Liebes Mädchen.« Dann hatte Charlotte sich, erschreckt, weil die Lehrerin sonst so streng war, umgedreht und war zur Tür hinausgelaufen. Lange noch hatte sie sich verfolgt gefühlt von den zwei zärtlichen Worten. Von dem Tag an wurde sie noch strenger geprüft als die anderen, und ihre Noten wurden noch schlechter. Aber sie beschwerte sich bei niemand, erduldete die unverschuldete kalte Behandlung; sie hatte begriffen, daß auf diese Zärtlichkeit nur diese Strenge folgen konnte.

Charlotte dachte: wie aber kann ich Mara berühren? Sie ist aus dem Stoff, aus dem ich gemacht bin. Und sie dachte traurig an Franz, der auf dem Weg zu ihr war, jetzt mußte der Zug schon an der Grenze sein, und niemand konnte ihn mehr aufhalten weiterzufahren, niemand konnte Franz warnen davor zurückzukommen, wo es »unsere Wohnung« aufgehört hatte zu geben. Oder gab es sie noch? Alles stand ja noch da, an seinem Ort, der Schlüssel hatte gesperrt, und wenn Mara nun wie durch ein Wunder verschwand oder plötzlich doch fortging, dann würde morgen alles nur wie ein Spuk erscheinen, es würde wie nie gewesen sein.

Bitte sei vernünftig. Ich muß auch noch schlafen und sehr früh aufstehen morgen.

Ich bin nicht vernünftig. Ach Liebes, liebes Schönes, und du lügst mich nur ein bißchen an, nicht wahr?

Warum? Wieso? – Charlotte, schläfrig, verraucht, leer, konnte nichts mehr auffassen. Ihre Gedanken gingen noch wie Wachtposten in ihrem Kopf auf und ab, hörten die feindlichen Worte, sie waren auf der Hut, konnten aber nicht Alarm schlagen, sich bereit machen zur Abwehr.

Du lügst! O wie du lügst!

Ich weiß nicht, wovon du sprichst. Warum sollte ich lügen, und was überhaupt hast du für eine Lüge gehalten?

Du lügst. Du hast mich gerufen, hast mich kommen lassen zu dir, hast mich mitgenommen noch einmal in der Nacht, und jetzt ekelt dir vor mir, jetzt willst du's nicht wahrhaben, daß du mich gerufen hast zu dir!

Ich hätte dich …

Hast du mich nicht eingeladen? Was hat das bedeutet?

Charlotte weinte. Sie konnte die Tränen, die so plötzlich kamen, nicht mehr aufhalten. Ich lade viele Menschen ein.

Du lügst.

Maras nasses Gesicht, naß noch, während sie schon zu lachen begann, preßte sich gegen Charlottes Gesicht, zärtlich, warm, und ihrer beider Tränen vermischten sich. Die Küsse, die der kleine Mund gab, die Locken, die geschüttelt wurden über Charlotte, der kleine Kopf, der an ihren Kopf stieß – alles war soviel kleiner, gebrechlicher, nichtiger als es je ein Kopf, je Haar, je Küsse gewesen waren, die über Charlotte gekommen waren. Sie suchte in ihren Gefühlen nach einer Anweisung, in ihren Händen nach einem Instinkt, in ihrem Kopf nach einer Kundgebung. Sie blieb ohne Anweisung.

Charlotte hatte als Kind manchmal aus Überschwang ihre Katze geküßt, auf die Schnauze, das feuchte, kühle, zarte Etwas, um das herum alles weich und fremd war – eine fremde Gegend für Küsse. So ähnlich feucht, zart, ungewohnt waren die Lippen des Mädchens. An die Katze mußte Charlotte denken und die Zähne zusammenpressen. Und zugleich versuchte sie doch zu bemerken, wie diese ungewohnten Lippen sich anfühlten.

So also waren ihre eigenen Lippen, so ähnlich begegneten sie einem Mann, schmal, fast widerstandslos, fast ohne Muskel – eine kleine Schnauze, nicht ernst zu nehmen.

Küß mich nur einmal, bettelte Mara. Nur ein einziges Mal.

Charlotte sah auf ihre Armbanduhr; es reizte sie plötzlich, auf die Uhr zu sehen, und sie wünschte, daß Mara es merke.

Wie spät ist es denn? – Ein neuer Ton war in der Stimme des Mädchens, von der Art, wie Charlotte noch nie einen bösen, aufsässigen Ton gehört hatte.

Vier Uhr, sagte sie trocken.

Ich bleibe. Hörst du? Ich bleibe. – Wieder der Unterton, bedrohlich, niederträchtig. Aber hatte nicht auch sie selber einmal so zu jemand gesagt: Ich bleibe. Sie hoffte inständig, sie habe es nie in diesem Ton gesagt.

Wenn du es noch nicht begriffen hast: es ist zwecklos, daß du bleibst. Und um sechs Uhr kommt unsere Bedienerin. – Sie mußte jetzt auch böse sein, Mara diesen Ton vergelten, sie sagte »unsere« und log überdies, denn sie hatte die Frau erst für neun Uhr bestellt.

Maras Augen brannten. Sag das nicht, o du, sag das nicht! Du bist gemein, so gemein. Was du mir antust, wenn du das wüßtest... Glaubst du, ich werde zulassen, daß du auf die Bahn gehst und mit ihm zurückkommst! Umarmt er dich gut? Gut? Wie?

Charlotte schwieg; sie war so aufgebracht, daß sie kein Wort hervorbrachte.

Liebst du ihn? Nein? Man sagt ... ah, die Leute sagen allerhand ... Sie machte eine wegwerfende Handbewegung. Ah, wie ich das alles hasse. Wie ich Wien hasse! Dieses Studium hasse, die Schwätzer, diese Männer, diese Weiber, diese Akademie, alles. Nur du, seit ich dich gesehen habe ... Du mußt anders sein. Du mußt. Oder du lügst!

Wer sagt etwas? Und was?

Ich wäre nicht gekommen, nie gekommen ... Ich schwöre es dir.

Aber das ist doch... Charlotte konnte nicht mehr weiterreden, sie stand taumelnd auf. Mara stand auf.

Sie standen sich gegenüber. Mara wischte ganz langsam, und während die Aufregung aus ihr schon zu weichen begann, das Glas vom Tisch, dann das andere, sie griff nach einer leeren Vase und warf sie, weil die Gläser ohne Geräusch auf den Teppich gerollt waren, gegen die Wand, dann eine Kassette, aus der Muscheln und Steine mit Getöse herausflogen und über die Möbel rollten.

Charlotte suchte nach Kraft für einen großen Zorn, für einen Schrei, für Wut, für Beleidigung. Die Kraft hatte sie verlassen. Sie sah einfach dem Mädchen zu, wie es ein Stück nach dem anderen zerstörte. Die Zerstörung schien lang zu dauern wie ein Brand, eine Überschwemmung, eine Demolierung. Mara bückte sich plötzlich, hob zwei große Scherben von der Obstschale auf, hielt sie aneinander und sagte: So ein schöner Teller. Verzeih mir. Sicher hast du den Teller gern gehabt. Bitte verzeih mir.

Charlotte zählte, ohne Bedauern, ohne jede Regung, die Stücke, die in Scherben gegangen oder beschädigt worden waren. Es waren nur ganz wenige Stücke, aber sie hätte gern alles in dem Zimmer mitzählen mögen, damit sie das Ausmaß der Zerstörung genauer hätte ausdrücken können, das soviel größer war; genauso gut hätte alles in Trümmer gehen können. Denn sie hatte zugesehen, keine Hand gerührt, bei jedem Krachen, jedem Splittern stillgehalten.

Sie bückte sich und sammelte die Muscheln und Steine ein, sie schob die Scherben zusammen, ging gebückt herum, damit sie nicht aufsehen und Mara ansehen mußte; dann ließ sie wieder ein paar Stücke fallen, als hätte es keinen Sinn, hier noch einmal aufzuräumen. Sie kauerte, in dem anhaltenden Schweigen, auf dem Boden. Ihre Gefühle, ihre Gedanken sprangen aus dem gewohnten Gleis, rasten ohne Bahn ins Freie. Sie ließ ihren Gefühlen und Gedanken freien Lauf.

Sie war frei. Nichts mehr erschien ihr unmöglich. Wieso sollte sie nicht mit einem Wesen von gleicher Beschaffenheit zu leben beginnen?

Aber jetzt hatte Mara sich neben sie gekniet, zu sprechen begonnen, sie sprach immerzu auf sie ein. Mein Geliebtes, du darfst nicht weinen, du, es tut mir so leid, ich weiß gar nicht, was in mich gefahren ist, du, sei gut zu mir, ich bin verrückt, nach dir verrückt, ich möchte, ich glaube, ich könnte ...

Charlotte dachte: mir ist dauernd unklar, wovon sie spricht. Die Sprache der Männer war doch so gewesen in solchen Stunden, daß man sich daran hatte halten können. Ich kann Mara nicht zuhören, ihren Worten ohne Muskel, diesen nichtsnutzigen kleinen Worten.

Hör zu, Mara, wenn du die Wahrheit wissen willst. Wir müssen versuchen zu sprechen, wirklich zu sprechen miteinander. Versuch es. (Gewiß will sie die Wahrheit gar nicht wissen, und dann ist's auch die Frage, wie diese Wahrheit heißen müßte über uns beide. Dafür sind noch keine Worte da.) Ich kann nicht auffassen, was du sagst. Du redest mir zu unklar. Ich kann mir nicht vorstellen, wie du denkst. In deinem Kopf muß etwas anders herum laufen.

Mein armer Kopf! Du mußt Mitleid mit ihm haben, mußt ihn streicheln, ihm sagen, was er denken soll.

Charlotte begann, Maras Kopf gehorsam zu streicheln. Dann hielt sie inne. Sie hatte das schon einmal gehört – nicht die Worte, aber den Tonfall. Sie selber hatte oft so dahingeredet, besonders in der ersten Zeit mit Franz, auch vor Milan war sie in diesen Ton verfallen, hatte die Stimme zu Rüschen gezogen;

diesen Singsang voll Unverstand hatte er sich anhören müssen, angeplappert hatte sie ihn, mit vorgezogenem Mund, ein Schwacher den Starken, eine Hilflose, Unverständige, ihn, den Verständigen. Sie hatte die gleichen Schwachheiten ausgespielt, die Mara jetzt ihr gegenüber ausspielte, und hatte den Mann dann plötzlich im Arm gehalten, hatte Zärtlichkeiten erpreßt, wenn er an etwas anderes denken wollte, so wie sie jetzt von Mara erpreßt wurde, sie streicheln mußte, gut sein mußte, klug sein mußte.

Diesmal aber hatte sie Einblick. Es verfing nicht bei ihr. Oder doch? Es half vielleicht gar nicht, daß sie das Mädchen erkannte und durchschaute, weil sie sich plötzlich an sich selber erinnerte und erschaute. Nur viel älter kam sie sich mit einemmal vor, weil dieses Geschöpf vor ihr das Kind spielte, sich klein machte und sie größer machte für seinen Zweck. Sie fuhr Mara noch einmal zaghaft durchs Haar, hätte ihr gern etwas versprochen. Etwas Süßes, Blumen, eine Nacht oder eine Kette. Bloß, damit sie endlich Ruhe gab. Damit sie, Charlotte, endlich aufstehen und an etwas anderes denken konnte; damit dieses kleine lästige Tier verscheucht war. Sie dachte an Franz und sie fragte sich, ob auch er manchmal so von ihr belästigt worden war und sie gern verscheucht hätte, dieses kleine Tier, damit Ruhe war.

Charlotte stand auf, weil sie bemerkte, daß die Vorhänge nicht zugezogen waren. Und doch hätte sie gern die Fenster erleuchtet gelassen, zum Einsehen offenstehen gelassen. Sie hatte nichts mehr zu scheuen. Es sollte zu gelten anfangen, was sie dachte und meinte, und nicht mehr gelten sollte, was man sie angehalten hatte zu denken und was man ihr erlaubt hatte zu leben.

Wenn sie mit Mara zu leben begänne... Dann würde sie lieber arbeiten zum Beispiel. Obwohl sie immer gern gearbeitet hatte, hatte ihrer Arbeit der Fluch gefehlt, der Zwang, die unbedingte Notwendigkeit. Auch brauchte sie jemand um sich, neben sich, unter sich, für den sie nicht nur arbeitete, sondern der Zugang zur Welt war, für den sie den Ton angab, den Wert einer Sache bestimmte, einen Ort wählte.

Sie sah sich um im Zimmer. Die Möbel hatte Franz ausgesucht mit Ausnahme der Lampe im Schlafzimmer und ein paar Vasen, Kleinigkeiten. Es war kein Stück von ihr in dieser Wohnung. Es war gar nicht daran zu denken, daß jemals etwas mit ihr zu tun haben würde in einer Wohnung, solang sie mit einem Mann lebte. Nachdem sie von zu Hause weggegangen war, hatte sie ein Jahr lang mit einem Studenten gelebt, in einem Zimmer mit verstaubten Seidenlampen, Plüschsesseln und Wänden, die mit Plakaten und billigen Reproduktionen moderner Malerei vollgeklebt waren. Sie hätte nie gewagt, etwas daran zu ändern; es war seine Umwelt gewesen. Jetzt lebte sie in der hellen Ordnung, die Franz gehörte, und verließe sie Franz, so ginge sie in eine andere Ordnung, in alte geschweifte Möbel oder in Bauernmöbel oder in eine Rüstungssammlung, in eine Ordnung jedenfalls, die nicht die ihre war – das würde sie nie ändern. Genau genommen wußte sie auch schon nicht mehr, was sie für sich wollte, weil da nichts mehr zu wollen war. Natürlich hatte Franz sie bei jedem Kauf gefragt: Ist dir das recht? Was meinst du? Oder lieber in blau? Und sie hatte gesagt, was sie dachte, nämlich: blau. Oder: den Tisch lieber niedriger. Aber sie konnte nur dann einen Wunsch äußern, wenn er Fragen stellte. Sie sah Mara an und lächelte. Sie stieß mit der Fußspitze gegen den Tisch. Es war eine Lästerung. Sie lästerte »unseren Tisch«.

Mara würde sie sich unterwerfen können, sie lenken und schieben können. Sie würde jemand haben, der zitterte vor ihrem Konzert, der eine warme Jacke hielt, wenn sie aus dem Saal kam und schwitzte, jemand, dem es nur wichtig war, teilzunehmen an ihrem Leben, und für den sie das Maß aller Dinge war, jemand, dem es wichtiger war, ihre Wäsche in Ordnung zu halten, ihr das Bett aufzuschlagen, als einen anderen Ehrgeiz zu befriedigen – jemand vor allem, dem es wichtiger war, mit ihren Gedanken zu denken, als einen eigenen Gedanken zu haben.

Und sie meinte plötzlich zu wissen, was sie all die Jahre vermißt und heimlich gesucht hatte: das langhaarige, schwache Geschöpf, auf das man sich stützen konnte, das immer seine Schulter herhalten würde, wenn man sich trostlos oder erschöpft oder selbstherrlich fühlte, das man rufen und wegschicken konnte und um das man sich, der Gerechtigkeit halber, sorgen mußte, sich bangte und dem man zürnen konnte. Nie konnte sie Franz zürnen, nie konnte sie ihn anschreien, wie er sie anschrie manchmal. Nie bestimmte sie. Er bestimmte (oder sie beide bestimmten, hätte er wohl gesagt – aber es war doch er, der, ohne sich dessen bewußt zu sein, immer bestimmte, und sie hätte es nicht anders gewollt –). Obgleich er ihre Selbständigkeit und ihre Arbeit liebte, ihre Fortschritte ihn erfreuten, er sie tröstete, wenn sie zwischen der Arbeit und der Hausarbeit nicht zurechtkam, und ihr vieles erließ, soviel man sich eben erlassen konnte in einer Gemeinschaft, wußte sie, daß er nicht geschaffen war, ihr ein Recht auf ein eigenes

Unglück, eine andere Einsamkeit einzuräumen. Sie teilte sein Unglück oder heuchelte die Teilnahme; manchmal waren sie untrennbar in ihr: die Heuchelei, die Liebe, die Freundschaft. Aber es war nicht wichtig, wieviel Aufrichtigkeit in ihr war und wieviel Sucht nach Verdunkelung – wichtig war, daß nur sie dieses Problem kannte, daß es sie oft bewegt hatte, sie aber nie sich eine Lösung hatte vorstellen können.

Der Hochmut, auf ihrem eigenen Unglück, auf ihrer eigenen Einsamkeit zu bestehen, war immer in ihr gewesen, aber erst jetzt traute er sich hervor, er blühte, wucherte, zog die Hecke über sie. Sie war unerlösbar, und keiner sollte sich anmaßen, sie zu erlösen, das Jahr Tausend zu kennen, an dem die rotblühenden Ruten, die sich ineinander verkrallt hatten, auseinanderschlugen und den Weg freigeben würden. Komm, Schlaf, kommt, tausend Jahre, damit ich geweckt werde von einer anderen Hand. Komm, daß ich erwache, wenn dies nicht mehr gilt – Mann und Frau. Wenn dies einmal zu Ende ist!

Sie betrauerte Franz wie einen Toten; er wachte oder schlief jetzt in dem Zug, der ihn heimtrug, und er wußte nicht, daß er tot war, daß alles umsonst gewesen war, die Unterwerfung, die sie selber, mehr als er, betrieben hatte, weil er gar nicht hätte wissen können, was an ihr zu unterwerfen war. Er hatte sowieso zuviel Kraft auf sie vergeudet, war immer mit soviel Rücksichtnahme auf sie beschäftigt gewesen. Während es ihr immer richtig erschienen war, daß sie mit ihm hatte leben wollen, war es ihr immer traurig vorgekommen, daß er sich mit ihr hatte belasten müssen, es ergab gar nichts für ihn; sie hätte ihm eine Frau gewünscht, die ihn umsorgt und bewundert hätte, und er wäre darum nicht weniger gewesen, nichts konnte ihn verringern – auch ihre Quälereien konnten ihn, wie es nun einmal war, nicht verringern, aber genauso wenig konnten sie ihm nützen, etwas eintragen, denn sie waren von der verfassungswidrigen, heillosen Art. Er ging gutmütig darauf ein, er wußte, daß er es hätte leichter haben können, aber es machte ihm doch Freude, mit ihr zu leben: sie war ihm genauso zur Gewohnheit geworden, wie eine andere Frau es geworden wäre, und, weiser als Charlotte, hatte er längst die Ehe als einen Zustand erkannt, der stärker ist als die Individuen, die in ihn eintreten, und der darum auch ihrer beider Gemeinsamkeit stärker prägte, als sie die Ehe hätten prägen oder gar verändern können. Wie immer eine Ehe auch geführt wird – sie kann nicht willkürlich geführt werden, nicht erfinderisch, kann keine Neuerung, Änderung vertragen, weil Ehe eingehen schon heißt, in ihre Form eingehen.

Charlotte schrak auf durch einen tiefen Atemzug, den Mara tat, und sah, daß das Mädchen eingeschlafen war. Sie war jetzt allein, wachte über dem, was möglich geworden war. Sie wußte im Augenblick überhaupt nicht, warum sie je mit Männern gewesen war und warum sie einen geheiratet hatte. Es war zu absurd. Sie lachte in sich hinein und biß sich in die Hand, um sich wach zu halten. Sie mußte Nachtwache halten.

Wenn nun der alte Bund zerriß? Sie fürchtete die Folgen, die dieses Zerreißen haben mußte. Bald würde sie aufstehen, Mara wecken, mit ihr ins Schlafzimmer gehen. Sie würden die Kleider abstreifen; mühselig würde es sein, aber es gehört dazu, so mußte begonnen sein. Ein Neubeginn würde es sein. Aber wie soll man sich nackt machen, beim allerersten Mal? Wie soll das geschehen, wenn man sich nicht verlassen kann auf Haut und Geruch, auf eine von vieler Neugierde genährte Neugier. Wie eine Neugier herstellen zum ersten Mal, wenn noch nichts ihr vorausgegangen ist?

Sie war schon öfters, halbnackt oder in dünner Unterwäsche, vor einer Frau gestanden. Es war ihr immer peinlich gewesen, einen Augenblick lang zumindest: in der Badekabine mit einer Freundin; im Wäschegeschäft, im Modegeschäft, wenn eine Verkäuferin ihr half, Korsett und Kleider anzuprobieren. Wie aber sollte sie vor Mara herausschlüpfen aus dem Kleid, es fallen lassen, ohne den Anfang zu versäumen. Aber vielleicht – und das erschien ihr plötzlich wunderbar – würden sie beide gar nicht verlegen sein, weil sie die gleichen Kleidungsstücke trugen. Sie würden lachen, sich mustern, jung sein, flüstern. Im Turnsaal, in den Schulen, war immer dieser Wirbel gewesen von Kleidungsstücken, dünnem Zeug in Rosa und Blau und Weiß. Gespielt hatten sie als Mädchen damit, sich gegenseitig die Wäsche an den Kopf geworfen, gelacht und um die Wette getanzt, einander die Kleider versteckt – und hätte der Himmel damals noch Verwendung für die Mädchen gehabt, so hätte er sie gewiß an die Quellen, in die Wälder, in die Grotten versetzt, und eine zum Echo erwählt, um die Erde jung zu erhalten und voll von Sagen, die alterslos waren.

Charlotte beugte sich über Mara, die jetzt, im Schlaf, keine Gefahr mehr war, küßte sie auf die Brauen, die schön geschweift und feierlich in dem fahlen Gesicht standen, küßte die Hand, die niederhing von dem Sessel, und dann, sehr heimlich, schüchtern beugte sie sich über den blassen Mund, von dem das Lippenrot im Lauf der Nacht verschwunden war.

Könnte dieses Geschlecht doch noch einmal nach einer Frucht greifen, noch einmal Zorn erregen, sich einmal noch entscheiden für seine Erde! Ein anderes Erwachen, eine andere Scham erleben! Dieses Geschlecht war niemals festgelegt. Es gab Möglichkeiten. Die Frucht war nie vertan, heute nicht, heute noch nicht. Der Duft aller Früchte, die gleichwertig waren, hing in der Luft. Es konnten andre Erkenntnisse sein, die einem wurden. Sie war frei. So frei, daß sie noch einmal in Versuchung geführt werden konnte. Sie wollte eine große Versuchung und dafür einstehen und verdammt werden, wie schon einmal dafür eingestanden worden war.

Mein Gott, dachte sie, ich lebe nicht heute, nehme teil an allem, lasse mich hineinreißen in alles, was geschieht, um nicht auch eine eigene Möglichkeit ergreifen zu können. Die Zeit hängt in Fetzen an mir. Ich bin niemands Frau. Ich bin noch nicht einmal. Ich will bestimmen, wer ich bin, und ich will mir auch mein Geschöpf machen, meinen duldenden, schuldigen, schattenhaften Teilhaber. Ich will Mara nicht, weil ich ihren Mund, ihr Geschlecht – mein eigenes – will. Nichts dergleichen. Ich will mein Geschöpf, und ich werde es mir machen. Wir haben immer von unsren Ideen gelebt, und dies ist meine Idee.

Wenn sie Mara liebte, würde alles sich ändern.

Sie würde dann ein Wesen haben, das sie in die Welt einweihen konnte. Jeden Maßstab, jedes Geheimnis würde sie allein vergeben. Immer hatte sie davon geträumt, die Welt überliefern zu können, und hatte sich geduckt, wenn man sie ihr überlieferte, hatte verbissen geschwiegen dazu, wenn man ihr etwas hatte weismachen wollen, und an die Zeit gedacht, in der sie ein Mädchen gewesen war und noch gewußt hatte, wie man sich ein Herz faßt und daß man nichts zu fürchten hatte und vorangehen konnte mit einem dünnen hellen Schrei, dem auch zu folgen war.

Wenn sie Mara lieben könnte, wäre sie nicht mehr in dieser Stadt, in dem Land, bei einem Mann, in einer Sprache zu Hause, sondern bei sich – und dem Mädchen würde sie das Haus richten. Ein neues Haus. Sie mußte dann die Wahl treffen für das Haus, für die Gezeiten, für die Sprache. Sie wäre nicht mehr die Erwählte und nie mehr konnte sie in dieser Sprache gewählt werden.

Zudem war, bei allen Freuden, die ihr die Liebe zu Männern eingetragen hatte, etwas offen geblieben. Und obwohl sie jetzt, in der Stunde, da sie wachte, noch glaubte, daß sie die Männer liebe: es gab eine unbetretene Zone. Oft hatte Charlotte sich darüber gewundert, daß die Menschen, die besser als Stern, Strauch und Stein zu wissen hatten, welche Zärtlichkeiten sie füreinander erfinden durften, so schlecht beraten waren. In früher Zeit mußten Schwan und Goldregen noch die Ahnung gehabt haben von dem größeren Spielraum, und ganz vergessen konnte in der Welt nicht sein, daß der Spielraum größer war, daß das kleine System von Zärtlichkeiten, das man ausgebildet hatte und überlieferte, nicht alles war an Möglichkeit. Als Kind hatte Charlotte alles lieben wollen und von allem geliebt sein, von dem Wasserwirbel vor einem Fels, vom heißen Sand, dem griffigen Holz, dem Habichtschrei – ein Stern war ihr unter die Haut gegangen und ein Baum, den sie umarmte, hatte sie schwindlig gemacht. Jetzt war sie längst unterrichtet in der Liebe, aber um welchen Preis! Bei den meisten Menschen schien es sowieso nur eine traurige Ergebung zu sein, daß sie sich miteinander einließen; sie hielten es wohl für notwendig, weil nichts anderes vorlag, und dann mußten sie versuchen zu glauben, daß es richtig war, schön war, daß es das war, was sie gewollt hatten. Und es fiel ihr ein, daß nur einer von allen Männern, die sie gekannt hatte, vielleicht wirklich auf Frauen angewiesen war. Sie dachte an Milan, dem sie nicht genügt hatte, dem nichts genügt hatte, eben darum, und der darum auch gewußt hatte, daß ihr nichts genügte, der sich und sie verwünscht hatte, weil ihre schon verbildeten Körper ein Hemmnis waren bei dem Aufbruch zu schon vergessenen oder noch unbekannten Zärtlichkeiten. Es war zum Greifen nah gewesen, für Augenblicke sogar dagewesen: Ekstase, Rausch, Tiefe, Auslieferung, Genuß. Danach hatte sie sich wieder geeinigt mit einem Mann auf Güte, Verliebtheit, Wohlwollen, Fürsorge, Anlehnung, Sicherheit, Schutz, Treue, allerlei Achtenswertes, das dann nicht nur im Entwurf steckenblieb, sondern sich auch leben ließ.

So war es ihr möglich geworden zu heiraten, sie brachte die Voraussetzungen mit, in den Zustand Ehe einzugehen und trotz ihrer Lust, an der Verfassung zu rütteln. Aber immer, wenn sie an der Verfassung zu rütteln versucht hatte, war ihr rasch bewußt geworden, daß sie nichts an deren Stelle zu setzen gewußt hätte, daß ihr ein Einfall fehlte und Franz mit seinem Lächeln recht behielt und mit dem Mitleid, das er dann für sie hatte. Sie lebte gerne in seiner Nachsicht. Aber sie war nicht sicher, ob auch er gerne in ihrer Nachsicht gelebt hätte und was geschehen wäre, wenn er je gemerkt hätte, daß sie auch Nachsicht für ihn hatte. Wenn er etwa gewußt hätte, daß sie im geheimen nie glauben konnte, daß es so sein müsse, wie es zwischen ihnen war, und daß sie vor allem nicht zu glauben vermochte, daß er ihren Körper verstand. Ihre gute Ehe – das, was sie so nannte – gründete sich geradezu darauf, daß er von ihrem Körper nichts verstand. Dieses fremde Gebiet hatte er wohl betreten, durchstreift, aber er hatte sich bald eingerichtet, wo es ihm am bequemsten war.

An einer Bewegung des Mädchens, das im Halbschlaf seine Hand nach ihr ausstreckte, mit den Fingern ihr Knie umklammerte, ihre Kniekehle streifte, prüfte und betastete, spürte sie, daß dieses Geschöpf etwas von ihr wußte, was niemand gewußt hatte, sie selber nicht, weil sie ja auf Hinweise angewiesen war. Charlotte lehnte sich zitternd und erschrocken zurück und versteifte sich. Sie wehrte sich gegen den neuen Hinweis.

Laß mich, sagte sie unfreundlich. Laß das. Sofort.

Mara schlug die Augen auf. – Warum?

Ja, warum eigentlich? Warum hörte sie nicht auf zu denken, zu wachen und Totes zu begraben? Warum, da es schon so weit gekommen war, stand sie nicht endlich auf, hob Mara auf und ging mit ihr zu Bett?

Mara flüsterte mit einem verschwörerischen Blick: Ich will dich nur in dein Zimmer bringen, dich ins Bett bringen, sehen, wie du einschläfst. Dann gehe ich. Ich will nichts. Nur dich einschlafen sehen …

Sei, bitte, still. Sprich nicht. Sei still.

Du hast ja bloß Angst vor mir, vor dir, vor ihm! – Wieder der Tonfall, der alles zum Sinken brachte, der Charlotte zum Sinken brachte.

Und Mara setzte triumphierend hinzu: Wie du lügst! Wie feig du bist!

Als ob es darum ginge! Als ob es sich in der Übertretung eines Verbots erschöpfen sollte, einer kleinen Dummheit, einer zusätzlichen Neugier!

Nein, erst wenn sie alles hinter sich würfe, alles verbrennte hinter sich, konnte sie eintreten bei sich selber. Ihr Reich würde kommen, und wenn es kam, war sie nicht mehr meßbar, nicht mehr schätzbar nach fremdem Maß. In ihrem Reich galt ein neues Maß. Es konnte dann nicht mehr heißen: sie ist so und so, reizvoll, reizlos, vernünftig, unvernünftig, treu, untreu, anständig oder skrupellos, unzugänglich oder verabenteuert. Sie wußte ja, was zu sagen möglich war und in welchen Kategorien gedacht wurde, wer dieses oder jenes zu sagen fähig war und warum. Immer hatte sie diese Sprache verabscheut, jeden Stempel, der ihr aufgedrückt wurde und den sie jemand aufdrücken mußte – den Mordversuch an der Wirklichkeit. Aber wenn ihr Reich kam, dann konnte diese Sprache nicht mehr gelten, dann richtete diese Sprache sich selbst. Dann war sie ausgetreten, konnte jedes Urteil belachen, und es bedeutete nichts mehr, wofür jemand sie hielt. Die Sprache der Männer, soweit sie auf die Frauen Anwendung fand, war schon schlimm genug gewesen und bezweifelbar; die Sprache der Frauen aber war noch schlimmer, unwürdiger – davor hatte ihr schon gegraut, seit sie ihre Mutter durchschaut hatte, später ihre Schwestern, Freundinnen und die Frauen ihrer Freunde und entdeckt hatte, daß überhaupt nichts, keine Einsicht, keine Beobachtung dieser Sprache entsprach, den frivolen oder frommen Sprüchen, den geklitterten Urteilen und Ansichten oder dem geseufzten Lamento.

Charlotte sah Frauen gerne an; sie rührten sie häufig oder sie erfreuten ihre Augen, aber sie vermied, wo es ging, Gespräche mit ihnen. Sie fühlte sich geschieden von ihnen, von ihrer Sprache, ihrem Kreuz, ihrem Herz.

Aber sie würde Mara sprechen lehren, langsam, genau und keine Trübung durch die übliche Sprache zulassen. Erziehen würde sie sie, anhalten zu etwas, das sie, früh schon, weil sie kein besseres Wort gefunden hatte, Loyalität genannt hatte – ein Fremdwort in jedem Sinn. Sie bestand auf dem fremden Wort, weil sie noch nicht auf dem fremdesten bestehen konnte. Liebe. Da keiner es sich zu übersetzen verstand.

Charlotte sah nieder auf Mara; sie bewunderte in ihr ein Unerhörtes, die ganze Hoffnung, die sie auf diese Gestalt geworfen hatte. Dieses Unerhörte mußte sie jetzt nur in jede kleinste Handlung zu tragen verstehen, in den neuen Tag, alle Tage.

Komm. Hör mir zu, sagte sie und rüttelte Mara an der Schulter. Ich muß alles über dich wissen. Wissen will ich, was du willst …

Mara richtete sich auf, mit einem überraschten Ausdruck. Sie hatte verstanden. War es nicht schon eine Genugtuung, daß sie verstand in diesem Augenblick! Gib, daß sie taugt! Daß sie endlich versteht!

Nichts, sagte Mara. Ich will nichts. Ich werde nicht in die Falle gehen.

Was heißt das, daß du nichts willst?

Es heißt, was es heißt. Irgend etwas muß ich ja tun. Ich bin begabt, sagen sie, dein Mann sagt es auch. Aber das ist mir gleichgültig. Sie haben mir dieses Stipendium gegeben. Aber aus mir wird nichts. Und überhaupt: es interessiert mich nichts. – Sie machte eine kleine Pause und fragte dann: Interessiert dich denn etwas?

O ja. Vieles. – Charlotte spürte, daß sie nicht weiterreden konnte; die Schranken waren wieder gefallen. Sie hatte gestottert, nicht den Mut aufgebracht, sich zur Autorität zu machen, dieses törichte Geplapper wegzuwischen und ihren eigenen Ton wieder anzuschlagen.

Du lügst!

Hör augenblicklich auf, so mit mir zu reden, sagte Charlotte scharf.

Mara verschränkte trotzig die Arme und starrte sie unverschämt an: Die Musik, dein Beruf, das kann dich doch gar nicht interessieren. Das ist doch Einbildung. Lieben – lieben, das ist es. Lieben ist alles. – Sie schaute finster und entschlossen drein, nicht mehr unverschämt.

Charlotte murmelte verlegen: Das kommt mir nicht so wichtig vor. Von anderem wollte ich reden.

Anderes ist nicht wichtig.

Willst du behaupten, du wüßtest besser als ich, was wichtig ist?

Mara rutschte vom Sessel, rückte sich zurecht auf dem Boden zum Türkensitz und schwieg finster. Dann begann sie noch einmal, wie jemand, dem nur wenige Worte zur Verfügung stehen und der diese Worte darum um so hartnäckiger einsetzen, ihnen zur Wirkung verhelfen muß: Mich interessiert einfach nichts. Ich denke nur an Lieben. Und ich glaube dir deswegen nicht.

Vielleicht wollte Mara wirklich nichts anderes, und sie gab wenigstens nicht vor, sich für etwas zu interessieren, sie war ehrlich genug, es zuzugeben; und vielleicht hatte sie recht und die vielen anderen, die es nicht zugaben, belogen sich selbst und täuschten sich in den Büros, den Fabriken und den Universitäten mit Fleiß darüber hinweg.

Mara schien etwas eingefallen zu sein; sie setzte schüchtern hinzu: Ich habe dich im Radio gehört, letzte Woche. In diesem Konzert. Du warst sehr gut, glaube ich.

Charlotte hob abwehrend die Achseln.

Sehr gut, sagte Mara und nickte. Vielleicht kannst du wirklich etwas und vielleicht bist du ehrgeizig …

Charlotte erwiderte hilflos: Ich weiß es nicht. Auch so kann man es nennen …

Nicht böse sein! – Mara richtete sich auf, schlang die Arme plötzlich um Charlottes Hals. – Du bist wunderbar. Ich will ja alles tun, alles glauben, was du willst. Nur lieb mich! Lieb mich! Aber ich werde alles hassen vor Eifersucht, die Musik, das Klavier, die Leute, alles. Und ich werde stolz sein zugleich auf dich. Aber laß mich bei dir bleiben. – Sie besann sich und ließ die Arme sinken. – Ja, tu, wie du willst. Nur schick mich nicht fort. Ich werde alles für dich tun, dich aufwecken morgens, dir den Tee bringen, die Post, ans Telefon gehen, ich kann kochen für dich, dir alle Wege abnehmen, dir alles vom Leib halten. Damit du besser tun kannst, was du willst. Nur lieb mich. Und lieb nur mich.

Charlotte packte Mara an den Handgelenken. Sie hatte sie jetzt da, wo sie sie hatte haben wollen. Sie schätzte ihre Beute ab, und die war brauchbar, war gut. Sie hatte ihr Geschöpf gefunden.

Es war Schichtwechsel, und jetzt konnte sie die Welt übernehmen, ihren Gefährten benennen, die Rechte und Pflichten festsetzen, die alten Bilder ungültig machen und das erste neue entwerfen. Denn es war ja die Welt der Bilder, die, wenn alles weggefegt war, was von den Geschlechtern abgesprochen worden war und über sie gesprochen war, noch blieb. Die

Bilder bleiben, wenn Gleichheit und Ungleichheit und alle Versuche einer Bestimmung ihrer Natur und ihres Rechtsverhältnisses längst leere Worte geworden waren und von neuen leeren Worten abgelöst würden. Jene Bilder, die, auch wenn die Farben schwanden und Stockflecken sich eintrugen, sich länger hielten und neue Bilder zeugten. Das Bild der Jägerin, der großen Mutter und der großen Hure, der Samariterin, des Lockvogels aus der Tiefe und der unter die Sterne Versetzten …

Ich bin in kein Bild hineingeboren, dachte Charlotte. Darum ist mir nach Abbruch zumute. Darum wünsche ich ein Gegenbild, und ich wünsche, es selbst zu errichten. Noch keinen Namen. Noch nicht. Erst den Sprung tun, alles überspringen, den Austritt vollziehen, wenn die Trommel sich rührt, wenn das rote Tuch am Boden schleift und keiner weiß, wie es enden wird. Das Reich erhoffen. Nicht das Reich der Männer und nicht das der Weiber.

Nicht dies, nicht jenes.

Sie konnte nichts mehr sehen; schwer und müd hingen ihre Augenlider herab. Sie sah nicht Mara und das Zimmer, das sie jetzt für immer abschließen mußte. In diesem Zimmer wehte es, das Lilienbanner, da waren die Wände weiß, und aufgepflanzt war dieses Banner. Tot war der Mann Franz und tot der Mann Milan, tot ein Luis, tot alle sieben, die sie über sich atmen gespürt hatte. Sie hatten ausgeatmet, die ihre Lippen gesucht hatten und in ihren Körper eingezogen waren. Tot waren sie, und alle geschenkten Blumen raschelten dürr in den gefalteten Händen; sie waren zurückgegeben. Mara würde nicht erfahren, nie erfahren dürfen, was ein Zimmer mit Toten war und unter welchem Zeichen sie getötet worden waren.

In diesem Zimmer ging sie allein um, geisterte um ihre Geister. Sie liebte ihre Toten und kam sie heimlich wiedersehen. Im Gebälk knisterte es, die Zimmerdecke drohte einzustürzen im heulenden Morgenwind, der das Dach zerzauste. Den Schlüssel zu dem Zimmer, das wußte sie noch, trug sie unter dem Hemd… Sie träumte, aber sie schlief noch nicht. Nie sollte Mara fragen dürfen danach, oder auch sie würde unter den Toten sein. –

Ich bin tot, sagte Mara. Ich kann nicht mehr. Tot, so tot bin ich.

– – –

Sie möchten längst, daß ich gehe, klagte Mara.

Nein, sagte Charlotte heiser. Bleib. Trink mit mir. Ich komme vor Durst um. Bleib doch.

Nein, nicht mehr, sagte Mara. Ich kann nicht mehr trinken, nicht mehr gehen, stehen. Tot bin ich.

– – –

So schicken Sie mich doch schon fort!

Charlotte stand auf; ihr gelähmter übermüdeter Körper gehorchte ihr kaum. Sie wußte nicht, wie sie bis zur Tür oder bis zu ihrem Bett kommen sollte. Sie wollte auch nicht mehr, daß Mara hier blieb. Auch nicht, daß sie eine Bedenkzeit nahmen.

Zeit ist keine Bedenkzeit. Der Morgen war in den Fenstern, mit dem ersten, noch nicht rosigen Licht. Ein erstes Geräusch war zu hören von einem vorüberfahrenden Auto, von Schritten danach – hallenden, festen Schritten, die sich entfernten.

Als sie beide im Schlafzimmer waren, wußte Charlotte, daß es zu spät war zu allem. Sie zogen ihre Kleider aus und legten sich nebeneinander – zwei schöne Schläferinnen mit weißen Achselspangen und enganliegenden weißen Unterröcken. Sie waren beide tot und hatten etwas getötet. Mit den Händen strich eine der anderen über die Schultern, die Brust. Charlotte weinte, wandte sich um, langte nach der Weckeruhr und zog sie auf. Mara sah gleichgültig zu ihr hin. Dann stürzten sie ab in den Schlaf und in einen gewitterhaften Traum.

Der rote Rock lag verknüllt und unansehnlich vor dem Bett.

Paul Celan

Nachts, wenn das Pendel der Liebe schwingt
zwischen Immer und Nie,
stößt dein Wort zu den Monden des Herzens
und dein gewitterhaft blaues
Aug reicht der Erde den Himmel.

Aus fernem, aus traumgeschwärztem
Hain weht uns an das Verhauchte,
und das Versämte geht um, groß wie die Schemen
der Zukunft.

Was sich nun senkt und hebt,
gilt dem zuinnerst Vergrabnen:
blind wie der Blick, den wir tauschen,
küßt es die Zeit auf den Mund.

Selma Meerbaum-Eisinger

Schlaflied für dich

Komm zu mir, dann wieg' ich dich,
wiege dich zur Ruh'.
Komm zu mir und weine nicht,
mach die Augen zu.

Ich flechte dir aus meinem Haar
eine Wiege, sieh!
Schläfst drin aller Schmerzen bar,
träumst drin ohne Müh'.

Meine Augen sollen dir
blinkend Spielzeug sein.
Meine Lippen schenk' ich dir –
trink dich in sie ein.

Else Lasker-Schüler

Ein Liebeslied

Komm zu mir in der Nacht – wir schlafen
engverschlungen.
Müde bin ich sehr, vom Wachen einsam.
Ein fremder Vogel hat in dunkler Frühe schon
gesungen,
Als noch mein Traum mit sich und mir gerungen.

Es öffnen Blumen sich vor allen Quellen
und färben sich mit deinen Augen Immortellen …

Komm zu mir in der Nacht auf Siebensternenschuhen
Und Liebe eingehüllt spät in mein Zelt.
Es steigen Monde aus verstaubten Himmeltruhen.

Wir wollen wie zwei seltene Tiere liebesruhen
Im hohen Rohre hinter dieser Welt.

Ernst Molden

song für veronika

wenn abende
nass sind wie fetzen
motoren nicht laufen
laternen nicht brennen
wenn türen nicht schließen
und masten sich neigen
und hosenscheisser
ins trockene rennen

dann halt ich dich
drück ich dich
und deine finger
sind kalt
dann lachst du
und sagst
in so nächten mein leben
werden wir alt

und die frau mit dem fernrohr
am dach gegenüber
die schaut so wie immer
nach lange verstorbenen sternen
und unsereins
muss ins äpfelchen beissen
damit alle anderen was lernen

schließ die tür
hinter dir
kriech aus der rüstung
heraus
ich zünd meinen
ofen an
und du giltst jetzt
hier als zu haus

wir horchen auf
stürme raketen und schreie
wir wissen
wir sind heute abend nicht dran
umarmungen
zeit vergeht
morgen kommt
und wir ziehen uns an

und die frau mit dem fernrohr
am dach gegenüber
die schaut so wie immer
nach lange verstorbenen sternen
und unsereins
muss ins äpfelchen beissen
damit alle andern was lernen

Friederike Mayröcker

Manchmal, bei irgendwelchen zufälligen
Bewegungen
streift meine Hand deine Hand deinen Handrücken
oder mein Körper der in Kleidern steckt lehnt fast
ohne es zu wissen
einen Augenblick gegen deinen Körper in Kleidern
diese kleinsten beinahe pflanzlichen Bewegungen
dein abgewinkelter Blick und dein Auge absichtlich
ins Leere wandernd
deine im Ansatz noch unterbrochene Frage wohin
fährst du im Sommer
was liest du gerade
gehen mir mitten durchs Herz
und durch die Kehle hindurch wie ein süszes Messer
und ich trockne aus wie ein Brunnen in einem
heiszen Sommer

Robert Walser

Brief an einen Ehemann

Sie zogen mich, sehr geehrter Herr, bezüglich Ihres Verhältnisses zu Ihrer Frau ins Vertrauen. Sie baten mich nicht um meine Meinung, die ich Ihnen hier gleichwohl bekanntgebe. Ich finde es von Ihrer Frau unverantwortlich, daß sie einen so wackern Mann, wie Sie es sind, hinterging. Nichtsdestoweniger muß ich Ihnen gestehen, daß ich die Unverfrorenheit Ihrer Frau verstehe, indem Sie etwas Süßlichsaures an sich haben. Sie machen mir übrigens den Eindruck einer viel zu weitgehenden Vergnügtheit bezüglich Ihres Wertes. Andererseits begreife ich natürlich Ihren Stolz. Seitdem Sie von Ihrer Frau hintergangen worden sind, kommen Sie sich noch braver und rechtschaffener vor als vorher. Ich mache Sie auf diese Eigenliebe ergebenst und gehorsamst aufmerksam. Ihrer Frau kamen Sie zu tugendhaft vor, als daß sie sich nicht hätte bewogen fühlen müssen, der Summe Ihrer vorzüglichen Eigenschaften entgegenzuarbeiten; denn das Zurschaugestelltsein der Tugend an einem Mann, als sei seine Tugend ein Gemälde und er die Wand, woran das Bild befestigt ist, hat für seine Frau etwas Revoltierendes. Ihre bis ins Unabsehbare ausgedehnte Solidität, mein Herr, gab Ihrer Frau Anlaß, Ihnen notorisch untreu zu werden. Sie sagten mit Ihrem hochgeschätzten Gesichtsausdruck in einem fort zu Ihrer Frau: »Paß auf dich auf; sieh dich vor usw.« Sie besitzen einen von Selbstgefälligkeit zusammengefalzten Mund, wie ihn ein mir bekannter erfolgloser Dichter aufweist, dessen Bedeutung sich darin deklariert, daß er bei sehr viel gutem Willen wenig Glück hat.

Wenn lediglich die Meinung in Frage käme, die sich derjenige von seiner Frau gebildet hat, an den ich diesen Brief adressiere, so gliche sie einem von nichts als Elendigkeiten zusammengesetzten Eisenbahnzug. Sie schilderten sie mir als äußerst flatterhaft. Ich glaube gern, daß sie das ist, aber ich glaube ebenso leicht und gern, daß Sie es sind, der sie flatterhaft machte. Sie, der Sie einen Möbelwagen voll grauenerregender Ehrbarkeit darstellen. Ihrer Frau wurde es übel an Ihrer Seite. In der Gesellschaft, die Sie Ihrer Frau gewährten, wurde die Pflanze moralisch krank, von der wir miteinander gesprochen haben, und deretwegen ich Ihnen hier mit allem mich kennzeichnenden Fleiße schreibe. Ihre meilenweite und breite Rechtschaffenheit mußte notwendigerweise aus dem Gegenstande dieses Memorandums etwas in sittlicher Hinsicht Mißliches machen. Wenn Sie sie eines Tages oder zu verschiedenen Malen bei Unrechtschaffenheiten überrascht haben, so sind Ihre bereits hervorgehobenen Tugenden die Erzeuger davon. Die Tugend hat immer etwas Erbärmliches an sich, und das Laster besaß von jeher etwas Entzückendes und Hinreißendes, wobei ich natürlich den staatserhaltenden Standpunkt außer Betracht lasse. Ihre Frau war nicht verpflichtet, Sie von soeben angeführtem Standpunkt aus anzuschauen. Sie hätten, um sich Ihre Frau zu erhalten, hie und da auf süffisante Art Abwege betreten sollen; daß Sie das unterließen, bezeichne ich als eine ans Verbrecherische streifende

Nachlässigkeit. Innerhalb des Gebiets der Rechtschaffenheit können Liederlichkeiten vorkommen.

Frohlocken Sie nicht!

Erwägen Sie reichlich, was diese Nachricht enthält. Verbieten Sie sich den geringsten Hauch von Glauben, Sie hätten die Untreue Ihrer Verjagten nicht mit der strahlendsten Redlichkeit verdient. Sie werden auch die Nachfolgerin der hier bedeutungsvoll zur Sprache Gelangten und von Ihnen mit gezwungenem Triumpheslächeln Verurteilten nicht zu behandeln wissen, und somit lade ich Sie ein, stets ein ganz klein wenig mürrisch zu sein und sich unter Erfülltheit solcher Bedingungen für eine Untadelhaftigkeit zu halten.

Alfred Komarek

Die Reise nach B

Ein seltsam gesichtsloser Tag zwischen einem Winter, der müde geworden war, und einem Frühling, der seine Unschuld erst verlieren mußte. Aber an diesem 14. Februar hatten nun einmal Gefühle und Triebe ins Kraut zu schießen, so wollten es die Floristen und die Erwerbsgärtner. Nielsen & Raabe, Inhaber der gleichnamigen Werbeagentur und auch als Ehepaar durchaus erfolgreich, verließen also an diesem Tag ihre Büros, fuhren mit dem Aufzug in die Garage, küßten einander dort mit bemühter Leidenschaft und gingen unverzüglich daran, eine Reise nach B zu unternehmen, wie damals, vor vielen Jahren.

Bald waren sie vor der Stadt und wenig später vor dem kleinen Bahnhof des kleinen Vorortes, in dem Nielsen gewohnt hatte, als sie noch Eva hieß und mit Peter damit anfing, Nielsen & Raabe zu spielen. Da war noch immer der gute alte Bahnhof: Keine große Gebärde, die den Zügen Halt gebieten könnte, schon eher ein zögerndes Warten neben den Gleisen, ein erstauntes Sich-Öffnen, wenn einmal doch Reisende kamen oder gingen. Es gab noch immer kleine Schokoladentafeln aus einem verrosteten Automaten und eine Bank, auf der man dicht nebeneinander sitzen konnte, oder den Koffer dazwischen stellen, je nach Zuneigung. Nielsen & Raabe kauften zwei Rückfahrkarten: Es sollte nur eine kleine Reise werden, und sie waren ja auch damals nach B gefahren, nur um zu spüren, wie das sein würde: über Nacht bleiben, Frühstück inbegriffen.

Bald waren sie unterwegs, ein wenig hilflos, so ganz ohne Terminkalender. »Damals«, sagte er endlich, »haben wir auch geschwiegen.«

»Ja«, sagte sie. »Aber anders.«

In B angekommen, bemerkte sie gerührt, daß wenigstens hier alles beim alten war. Noch immer verkehrte die Straßenbahn zwischen Bahnhof und Friedhof.

»Endstation!« pflegten, dort angekommen, die kauzigen Bürger von B zu rufen und lebten dann doch noch ein Weilchen. Das alte Rathaus schaute mit unverändert feierlicher Miene über den Hauptplatz, der Fluß erstreckte sich wie ein schmaler Spiegel mitten in der Stadt, ruhig, seicht und wohl ein wenig eingeschlafen, in der Konditorei verteilte ein rosa Fräulein rosa Torten, und in den Wirtshäusern konnte man B-Bräu trinken, über den Weltfrieden reden oder über jene unglaublich sündhafte Dame, die im Stadtanzeiger nicht mehr inserieren durfte, obwohl sie doch sogar, wie man hörte, mit dem Herrn Notar ... Nielsen & Raabe liefen eifrig hinter Erinnerungen her. Ein paar Stunden später zogen sie Bilanz.

»Also, wir hätten den staubigen Museumskuß«, begann sie, »den melodramatischen Kinokuß, prolongiert, und den unheimlich schicken Taxikuß.«

»Nicht zu vergessen«, fuhr er fort, »den spirituellen Kirchenkuß, direkt unter dem Heiligen Geist.«

Später standen sie still und ein wenig verloren im Stadtpark, die Schatten kamen unter den Büschen hervor, wuchsen in den Himmel und waren dicht und sanft.

»Glücklich?« fragte Nielsen.

»Danke«, sagte Raabe. »Es geht.«

Das beste Hotel war am Hauptplatz zu finden, ein wohlanständiges Gehäuse für Handelsreisende der besseren Sorte und für die beiden: Warum auch nicht?

Zimmer 307 war reserviert; es hatte sich ja schon einmal bewährt. Die Tür klemmte noch immer, und die Gardinen hatten jenen vertrauten gelblich-braunen Farbton, der an Bernstein denken ließ, oder an Bier.

Er ging, um seinen Durst zu stillen, und sie trat im Badezimmer vor den Spiegel, betrachtete ihr Gesicht, hauchte gegen das Glas und sah ihr Bild weich werden. Dann packte sie den kleinen Koffer aus, schlug die Bettdecke zurück und folgte ihrem Mann.

Er saß auf einem spinnenbeinigen Plastiksessel in der kleinen Hotelbar und war geradezu aufsässig heiter. »Darf ich dir den Drink des Hauses empfehlen? Herzblut, Nektar, eine kandierte Sünde und ein großer, schöner Wermutstropfen?« Er ließ sie erst gar nicht zu Wort kommen. »Und das Festmahl, heute abend! Eine Illusion mit bitterem Nachgeschmack, eine Suppe, die man sich selbst versalzen darf, und dann gut Abgelegenes, trotzdem ziemlich zäh.« Er redete noch immer. »Fehlt nur noch unser großer Auftritt: Zweiter Frühling in B. Groteske in einem jämmerlichen Akt. Lustig, nicht wahr?«

»Feigling«, sagte Nielsen.

»Ja«, sagte Raabe. »Das auch.«

Als die beiden am nächsten Morgen dicht nebeneinander erwachten, was an der grubenförmigen Bauart des nur scheinbar geräumigen Doppelbettes lag, hatten sie den dringenden Wunsch, etwas gegen diese verpflichtende Nähe zu unternehmen, blieben aber dann doch ein wenig liegen.

Später, am Frühstückstisch, auf dem hellblaue Eierbecher standen, mit gelben Plastiklöffeln davor, bemerkte sie beiläufig, es käme ihr gelegen, den Vormittag allein zu verbringen, und er sagte leichthin, das wäre ihm nur recht.

Ein paar Stunden später trafen sie einander zum Mittagessen: Hirtenspieß und Holstein-Schnitzel, wie damals.

»Einsam und hilflos, wie ich war«, erzählte sie heiter, »bin ich unter den städtischen Wüstling geraten und habe mich mit dem Gesangsverein verlobt.«

»Stolz und verlassen, wie ich war«, erzählte er munter, »habe ich dem Straßenkehrer einen Herrenwitz erzählt und das rosa Fräulein in der Konditorei erröten lassen.«

»Langweilig, nicht wahr?«

»Ja. Sehr.«

Sie bemühten sich erst gar nicht, noch länger zu bleiben, gingen zum Bahnhof und warteten auf den Zug, der sie zurück nach A bringen sollte.

Nach Hause: Er konnte es kaum erwarten. »Verrückte Idee, diese Reise nach B!« sagte er grimmig zu ihr. Doch sie hörte ihn nicht, weil sie eingeschlafen war.

»Na also«, sagte er eine gute Stunde später und fischte die Tageszeitung aus der Post

»Neues?« fragte sie.

»Wie man's nimmt«, brummte er. »Hier, im Wirtschaftsteil: ›Nielsen & Raabe boomen. Das neue Konzept greift.‹«

»Esel«, sagte Nielsen.

»Ja. Das auch«, sagte Raabe. »Und getrennte Schlafzimmer sind eine feine Sache. Man rollt da nicht so zusammen. Übrigens: Sollte ich auf die seltsame Idee kommen, dich zu suchen, heute nacht – wo finde ich dich?«

Sie war schon halb im Gehen: »Zimmer 307. Wo sonst.«

Hanna Johansen

Felix hat wenig Zeit

Seit zehn Jahren war er nicht mehr in der Stadt gewesen.

»Hier ist Felix«, sagte er unvermutet, als ich das Telephon abnahm. »Ich brauche dich.«

Er hatte nicht viel Zeit und bedauerte es. Das erinnerte mich an unsere gemeinsamen Jahre, als er auch nie viel Zeit gehabt hatte. Sein Bedauern dagegen war neu und erklärungsbedürftig. In der Hotelbar war es so laut, daß er mir nicht sagen konnte, worüber wir reden mußten oder wofür er mich brauchte. Er hielt sein Gepäck noch in der Hand.

Als wir vor die Zimmertür kamen, die der Portier genannt hatte, hatte er Mühe mit dem Schlüssel. Er stocherte. Die Tür rührte sich nicht. Er schaute mich von der Seite an, und als er sah, daß ich nicht über ihn lachte, gab er mir den Schlüssel. Ich lache sonst gern über Männer, sollte ich hier ergänzen, und Felix war die eine und einzige Ausnahme von dieser Regel. Ich nahm den Schlüssel. Es ging ganz leicht, und Felix erklärte, er sei es gewöhnt, daß die Schlösser andersherum aufgingen.

Mit einem Lächeln, das ich auf seinem Gesicht noch nicht gesehen hatte, führte er mich hinein, am Arm sozusagen, als wäre die Schwelle von Stolpersteinen und Fußangeln verstellt, so daß er mir plötzlich noch viel fremder vorkam, als man nach zehn Jahren erwarten konnte. Woher kam dieses Lächeln? Ist es möglich, in zehn Jahren alt zu werden? Werde ich dieses Lächeln auch brauchen? Wann? Und während das Lächeln in seinem Gesicht blieb, streckte er einen Arm aus, zum Sessel hin, als wollte er mich bitten, Platz zu nehmen. Ich bin nicht daran gewöhnt, »Platz zu nehmen«, ich setze mich meistens einfach hin. Unvermittelt, während ich grade seinem Wunsch nachkommen und Platz nehmen wollte, stürzte er selber auf diesen Sessel zu, der unser einziger war, ließ sich hineinfallen, schlug die Hände vors Gesicht und rührte sich nicht mehr.

Was macht man um halb eins mit einem Mann, der seine Seele in den Händen vergräbt, während ich mir gewünscht hatte, sie zu wärmen und mich von dieser Seele wärmen zu lassen? Reden schien er auch nicht mehr zu wollen. Wir schwiegen ein paar Minuten, die sich bis in den frühen Morgen auszudehnen schienen.

Dann ging ich zur Tür.

»Danke, daß du gekommen bist«, sagte er und begann, seinen Koffer auszupacken.

Egon Erwin Kisch

Wie ich eine Frau suchte

Verhöhnet mich nicht, wenn ich euch sage, daß ich vom ersten Tage meines Berliner Aufenthaltes eine Frau suchte. Solange ich möbliert wohnte, kränkte es mich, wenn ich jeden geheizten Ofen, der mich während des Monats kalt gelassen hatte, am Ersten auf der Rechnung fand, wenn mir jede Streichholzschachtel, jedes Bad und jede Büchse mit Schuhcreme böse angerechnet wurde. Als ich in die Pension zog, ärgerte es mich, daß immer die einzigen Speisen aufgetischt wurden, die ich nicht esse, daß das Beste schon von anderen verspeist war, wenn ich einmal zu spät zu Tische kam, und daß Gespräche geführt wurden, denen meine bescheidene Bildung keineswegs gewachsen war. Zu diesen Miseren rein wirtschaftlicher Natur kam noch, daß ich's nur gestehe, die Sehnsucht nach der Liebe, von der ich schon allerhand Lobendes in Romanen und Zeitungsnachrichten gelesen hatte. So reifte in mir der Entschluß, mir mein eigenes Heim zu gründen, mich – oh, verhöhnet mich nicht! – zu verehelichen.

Der Entschluß, mir eine Frau zu suchen, war mir wahrlich nicht leichtgefallen. Unvergleichlich schwerer wurde mir aber die Ausführung. Nach manchen üblen Erfahrungen mußte ich wie Kolumbus beim Anblick des Landes empfinden, als ich in der Zeitung von der Errichtung des Heiratsautomaten las. Schöne

Damen, von der gleichen Sehnsucht bewegt wie ich, blickten aus dem Schaufenster, Liebe heischend und Liebe verheißend, auf den Bewerber. Natürlich nicht in natura, aber in getreuen Photographien. Und jedes Konterfei wurde dadurch zum *portrait parlé*, daß darunter die Höhe der Mitgift und die übrigen Gemütseigenschaften der feilgebotenen Schaufensterdame verkündet wurden. So stand es schwarz auf weiß in der Zeitung. Man brauche nur zu wählen und dem Automatenbesitzer die Nummer der Dame zu nennen, und er führe sie dann bis hart an den Traualtar. Ich zog meinen allerelegantesten Anzug an, suchte von meinen Krawatten die schönste aus, ich träumte von der Liebe auf den ersten Blick ins Schaufenster, und mein Herz klopfte eine Furlana, als ich aus der Leipziger Straße in die Gefilde der Seligen einzog. Aber wehe, wehe! Der Laden stand leer, und aus dem Schaufenster, aus dem noch vor kurzem manch ermunternd photographierter Frauenmund dem Beschauer ein »Bediene dich selbst« zuzurufen schien, gähnte der Rachen einer öden Leere. Ich hoffte zwar noch, daß Frau Hymen mit ihrer Verkaufsstelle bloß übersiedelt sei, aber ich mußte erfahren, daß die Polizei den Heiratsladen geschlossen habe. Ob sie die Vermittlung von Ehefrauen als unsittlich empfunden oder ob vielleicht eine der heiratslustigen Damen gegen die Schaustellung ihres Konterfeis Verwahrung eingelegt hat – ich vermochte es nicht zu erfahren. Gebrochen eilte ich von dannen…

Als ich aber in die Friedrichstraße kam, erwachte ich zu neuem Leben. Einer von jenen Berliner Camelots, die auf der Antarktis des Rückens eine Tafel mit der Aufschrift »Hier ist die … Zeitung erhältlich« tragen, schrie mir eine andere Anpreisung ins Ohr: »Das

Blatt der Heiratslustigen«. Zitternd eilte ich mit der Zeitung nach Hause, die ja ein Inserat meiner Zukünftigen barg, und zitternd entfaltete ich sie (natürlich die Zeitung).

An der Spitze des Blattes fand ich eine fettgedruckte Bemerkung: »Da durch die Auswechslung der Chiffrebriefe in den Großstädten viel Ulk und Schwindel getrieben wird, öffne ich sämtliche Chiffrebriefe.« Nachdem ich mich gleichermaßen über die Roheit der Großstädter und die Vorsicht des Herausgebers gefreut hatte, begann ich den Leitartikel zu lesen, der »Arthurs Bekehrung« hieß. Was mir besonders darin auffiel, war die stilistische Meisterschaft, mit der der Autor (ein Dr. H.) alles Schleppende vermieden hat. Er wendet immer die direkte Rede an, und die behandelnden Personen sprechen die knappen Sätze des gewöhnlichen Lebens, so wie ihnen der Schnabel gewachsen ist. Zum Beispiel sagt Arthur vor seiner Bekehrung unter anderem in einem reinen, einfachen Satz: »... weil ich von der Ehe eine so hohe, edle Vorstellung habe, daß ich sie kaum irgendwie mit einem Geschäft in Verbindung zu bringen vermag und wenn es das solideste ist, obwohl ich auf Grund meiner ärztlichen Tätigkeit, die mich mit so vielem Niedrigen, Schmutzigen in Berührung bringt, deinen Ausführungen sympathisch gegenüberstehen muß, die schließlich danach angetan sind, mir meine Ideale zu erhalten.«

Nach dem Leitartikel kamen gleich die Inserate der heiratslustigen Damen und hernach die mich nicht mehr interessierenden Annoncen der Herren, meiner Leidensgenossen. Das erste Dameninserat, das mir gefiel, trug die Nummer 15 704. Sehr gerne hätte ich mich um jenes »Fräulein: 23 J.; 1,60 m groß; Vater

Beamter, eig. Verm., Eltern auch wohlh.« beworben, wenn sich das Fräulein nicht seltsamerweise auf eine passende Lebensgefährtin kaprizieren würde. Vielleicht ist dies bloß ein Druckfehler – aber die Auswahl anderer Damen in meinem Blatte ist ja groß genug.

»Haushälterin, 1,75 Meter groß, 42 Jahre alt, 3 000 Mark bar und Aussteuer.« Herrgott, das wäre was für mich! Wie trefflich würden wir uns ergänzen! Ich bin weder Haushälter, kaum 1,50 groß, noch lange nicht 42 Jahre, und weder von 3 000 Mark noch von Aussteuer ist bei mir etwas zu finden. Aber die große Haushälterin mag mich nicht. Sie versteift sich auf einen Unterbeamten von der Post oder von der Bahn. Eine andere Inserentin, Hausdame, bei einem Major, verschweigt ihr Alter und die Größe und betont dafür, daß sie aus guter Familie sei. Aber sie legt Wert darauf, daß ihr künftiger Ehegemahl ein gebildeter Mensch sei. Da bin ich noch eher ein Haushälter.

An dem dreißig Jahre alten Fräulein, 1,55 groß, 30 000 Mark bar und Ausstattung, später mehr, störte mich bloß die Angabe, daß sie eine ausgezeichnete Klavierspielerin sei.

Zu der »schuldlos geschiedenen Frau, 38 J. a.« lockte mich besonders die Angabe, daß sie eine Wohnungseinrichtung mit Renaissancemöbeln besitze. Aber sie will mich gewiß nicht, denn sie reflektiert auf ein sympathisches Äußeres, und ich weiß weder, ob mein Äußeres sympathisch ist, noch ob es zu Renaissancemöbeln paßt.

Auch die »junge häusl. Dame, 22 Jahre alt« würde ich auf der Stelle heiraten, wenn ich wüßte, wie ich die Abkürzung verstehen soll: »1/2 Mill. Mitgift; 1 Mll. später«. Ein halbes Mille wäre etwas zu wenig, eine halbe Million und noch eine Million etwas zuviel für mich bezahlt.

So sollte sich meiner Wahl immer ein Hindernis entgegensetzen. Die eine will partout einen Kellner, die jung geschiedene Frau in seltsamer Logik »einen älteren Herrn, der viel gelitten«, eine dritte gefällt mir nicht, weil sie sich als außerordentlich sportliebend preist, bei einer vierten deckt sich ihr Beruf – sie ist Fleischbeschauerin – nicht mit meiner idealen Veranlagung, und bei einer fünften scheint es mir auffallend, daß sie trotz Jugend, hübscher Erscheinung, großer Mitgift und schöner Aussteuer von ihrem Zukünftigen nichts weiter verlangt, als daß er sehr vorurteilsfrei sei. So fand ich unter den vielen Annoncen nicht eine einzige, die mir gepaßt hätte. Das Blatt entsank meiner Hand, Glaube, Liebe und Hoffnung meinem Herzen.

Die letzte Möglichkeit, die ich ergriff, war ein Besuch bei einer Heiratsvermittlerin in der Gipsstraße. Die alte Dame gefiel mir zwar anfangs gar nicht, aber später leistete ich ihr Abbitte: Trotzdem sie schon unzählige Partien in Millionärs- und Aristokratenkreisen zusammengebracht hat (was sie mir selbst anvertraut hat), ist sie doch nicht hochmütig geworden und hat weiter im dritten Stockwerk eines Hauses in der Gipsstraße eine einfache Wohnung inne, die bloß aus einer Küche und einem Zimmer besteht und in der weder auf Luxus noch auf Reinlichkeit übertriebener Wert gelegt wird. Die gütige Frau notierte meine Personalien auf und versprach felsenfest, mir eine junge, schöne, reiche und nette Gattin zu finden. Freudig und dankerfüllt gab ich ihr die zehn Mark, die sie für Überprüfung meiner Angaben und Vorspesen verlangte, aber mir nach Erhalt der Mitgiftprovision wieder zurückstellen wird. Die brave Frau gibt sich gewiß mit der Auswahl meiner Zukünftigen die denkbar größte Mühe, denn trotzdem seit jenem Besuche schon ein Monat verstrichen ist, habe ich noch nichts von ihr gehört. Gut Ding will Weile haben!

Karl Valentin

Die Heirats-Annonce

Schaltraum-Geräusche, Zeitungsblättern.

Rundfunk-Ansager: Verehrte Hörerinnen und Hörer! – Wir bringen Ihnen nun einen Hörbericht von einem Schalterraum des »Allgemeinen Stadtboten«. Wir schalten um!

V Verzeihen Sie, Fräulein, bin ich hier am richtigen Schalter? In Ihrer Zeitung stand eine Heirats-Annonce: »Einsame Witwe sucht zum 2. Mal ihr Glück in der Ehe, usw.« Ich habe diese Annonce gelesen – ungefähr – vor 4–5 Wochen in Ihrem Blatte, und die Zeitung ging mir verloren. O bitte, sind Sie doch so gut und suchen Sie mir die Zeitung mit dieser Annonce!

K Ja du lieber Gott, wenn Sie nicht den genauen Datum wissen, läßt sich das schwer machen.

V Die Annonce war ungefähr 5 cm lang und 3 cm breit. »Einsame Witwe sucht zum 2. Mal ihr Glück usw.«

K Vor 4 bis 5 Wochen, sagen Sie? – Ja, Sie können doch nicht verlangen, daß ich alle diese Zeitungen, die seit 5 Wochen erschienen sind, durchblättere!

V Sind Sie doch so lieb! Vielleicht ist es schon in den ersten Nummern enthalten!

K No, – das wäre ein großer Zufall!

V »Einsame Witwe sucht zum 2. Mal ihr Glück in der Ehe usw.« Die Annonce ist ungefähr 5 cm lang und 3 cm breit.

K Das ist doch unmöglich, unter so vielen Zeitungen die Anzeige herauszufinden!

V Aber es ist dring'standen!

K Ja ja, da steht mehr drin!

V Ja, das andere interessiert mich nicht; mich interessiert nur die eine Annonce. Die Annonce ist, wie gesagt, zirka 5 cm lang und 3 cm breit, und der Text ist: »Einsame Witwe sucht zum 2. Mal ihr Glück in der Ehe usw.«

K Ja, so schau'n Sie doch her, das ist jetzt schon die 10. Zeitung; ich habe doch schließlich andere Arbeit auch noch zu machen!

V Fräulein! Sind Sie doch so nett! Sie helfen mir vielleicht zu meinem Glück! Es hängt alles von dieser Annonce ab, von dieser kleinen Annonce, 5 cm lang und 3 cm breit, »Einsame Witwe sucht zum 2. Mal ihr Glück in der Ehe usw.«

K Ja, das weiß ich jetzt bereits, wie die Annonce lautet, aber Sie sehen ja selbst – ich finde diese Annonce nicht.

V Vor 4 bis 5 Wochen habe ich dieselbe selber gelesen: »Einsame Witwe sucht …«

K Ja, so hören S' doch jetzt endlich einmal auf mit der einsamen Witwe!

V *Aufhören*, Fräulein! – *Anfangen* will ich mit der einsamen Witwe, nicht aufhören! Deshalb ersuche ich Sie ja, so lange zu suchen, bis wir sie haben! Die Annonce ist ungefähr …

K … 5 cm lang und 3 cm breit! Solche Annoncen in dieser Größe sind nach den Hunderten in unserer Zeitung.

V Ja ja, das glaube ich schon, aber es handelt sich ja bei dieser Annonce nicht nur um die Größe allein, sondern um den Text – »Einsame Witwe sucht zum 2. Mal ihr Glück in der Ehe«.

K Ja, Ehe! – Ehe wir die Annonce finden, suchen's Ihnen a andere Witwe! Da gibt's genug in München!

V Nein, – ich will nur eine »einsame Witwe, die zum 2. Mal ihr Glück in der Ehe sucht«!

K Jetzt mag ich nicht mehr! Da schaun's her! Jetzt hab' ich alle Heirats-Annoncen der letzten 5 Wochen durchgeschaut, da ist keine drinn. Haben Sie die Annonce auch bestimmt in unserem Blatt gelesen?

V Ja, – ganz bestimmt!

K Vielleicht haben Sie's im ›Landboten‹ gelesen? Wir sind die Redaktion vom ›Stadtboten‹.

V Ja! – Im ›Landboten‹!

K Ja, Sie saudummer Hanswu …

Rundfunk-Ansager: Wir schalten um!

Vladimir Vertlib

Innere Werte

»Wie gesagt, ich bin kein Adonis, obwohl andererseits …« Er steht seitlich zum Spiegel und zieht den Bauch ein. »Na ja, vom Gesicht her vielleicht«, murmelt er.

»Ab dreißig ist jeder für sein Aussehen selbst verantwortlich«, sage ich. »Wenn jemand aussieht wie ein Zombie, dann hat er sich das redlich erarbeitet. Das Schweinsgesicht ist genauso dein Verdienst wie die in Ehren ergrauten Schläfen und das kultivierte Erscheinungsbild. Je nachdem.«

Er wirft mir einen erwartungsvollen, beinahe koketten Blick zu, ich aber wechsle dennoch das Thema und komme wieder auf die Reise zu sprechen.

»Im Flugzeug hatte ich noch Bedenken, wollte eigentlich gleich zurückfliegen«, erzählt er mir. »Auf dem Flughafen war ich dann wieder überzeugt, daß ich das Richtige mache. Es war vielleicht das ganze Ambiente, oder ich weiß nicht, aber ich habe gleich gedacht: Hier kannst du dich beweisen, hier tritt dir nicht jeder gegen's Schienbein, und wenn's doch passiert, tut's nicht so weh. Die meisten empfinden es umgekehrt, wenn sie dorthin kommen. Die Armut, sagt man, die Mafia, Ausländer, die man ausraubt, denen man den Schädel einschlägt. Das alles hat mir keine Angst eingejagt … An den Beamten und dem ganzen Formalitätenkram hat man mich vorbeigeschleust. Da waren zwei junge Männer – Mischa und Igor –, die haben mich gleich erkannt, wohl nach dem Foto, das man ihnen durchgefaxt hat. Sie haben mich ins Auto verfrachtet und in die Stadt gefahren.«

»Aber warum gerade St. Petersburg«, frage ich. »Ausgerechnet du! Du fühlst dich doch schon unbehaglich, wenn du vom sechsten in den fünfzehnten Bezirk übersiedeln mußt, weil für dich am Gürtel das Ausland beginnt …«

Er schweigt einige Augenblicke, während er in den Taschen seines Sakkos, immer ungeduldiger werdend, nach der Zigarettenschachtel sucht.

»Vielleicht«, sagt er schließlich, »hat das unter anderem – aber natürlich nicht in erster Linie – damit zu tun, daß mein Vater fast eineinhalb Jahre lang diese Stadt vor Augen hatte, die Kuppeln der Kathedralen und die Dächer der Paläste im Visier des Feldstechers. Den Stadtplan hatte er auswendig im Kopf, wußte genau, wo er die Hakenkreuzfahne hissen muß, wenn es soweit ist. Aber er kam über die Vororte nie hinaus. Nur ein paar hundert Meter vor und zurück, immer wieder vor und zurück an denselben zerstörten Hütten über die von Bomben geackerte Erde, von September 1941 bis Jänner 1943. Er wartete, und drinnen, in der Stadt, starben die Menschen zu Hunderttausenden. Aber daran wollte er damals nicht denken. Er war ja auch sonst nie ein großer Denker in seinem Leben …

Kurz vor seinem Tod ist er dann doch noch in die Stadt gekommen, obwohl er nach Kriegsende hoch und heilig geschworen hatte, sie nie zu betreten. ›Krepieren soll ich‹, hatte er geschrien, ›wenn ich jemals meinen Fuß dorthin setze.‹ Er hatte bei City-Tours eine dieser Pauschalreisen gebucht: Moskau, St. Petersburg, Kiew in fünf Tagen. Mehr hat er sich nicht leisten können bei seiner Pension, und ich hatte ihm gleich gesagt: ›Papa, ich gebe dir keinen Schilling. So eine Reise regt dich nur auf.‹

Die Stelle, wo er die Fahne hätte hissen sollen, wollte er unbedingt sehen, hat er mir dann später erzählt, aber man ließ ihn nicht. Der Bus hätte einen Umweg machen müssen und den Zeitplan der Gruppe durcheinandergebracht... Bald nach dieser Reise ist er gestorben.«

Ich beobachte ihn. Ich sehe, wie er sich eine Zigarette anzünden möchte und wie das Streichholz bricht.

»Als ich damals im Büro der Agentur gesessen bin und mir die Kataloge durchgeschaut hab, da lag St. Petersburg ganz oben, an zweiter oder dritter Stelle, unter Kiew und Nischnij-Nowgorod – die waren ziemlich willkürlich geordnet, diese Prospekte –, und ich hab gar nicht weitergeblättert, sondern gesagt: ›Da fahr ich hin! Nach Leningrad.‹ Der Mann von der Agentur hat noch schwach protestiert und gemeint: ›Das ist aber bei weitem nicht unser ganzes Programm. Schauen Sie sich doch unsere Frauen in Stettin an, und auch in Plovdiv in Bulgarien haben wir seit kurzem eine Niederlassung. In Bulgarien haben wir die vielversprechendsten Bewerberinnen, diesmal besonders sorgfältig geprüft. Strengstes Auswahlverfahren... Wenn Sie schon Indonesien, die Philippinen und Thailand von vornherein ausschließen, wo unsere Erfolgsquoten am besten sind.‹ Aber ich war fest entschlossen. Du weißt ja, ich bin nicht einer von diesen Männern. Ich wollte eine Partnerin, keine Dienerin, die mir den Rücken massiert und ›Ja, Massa‹ sagt. Eine, die meine inneren Werte zu schätzen weiß. Ich habe stets nach den inneren Werten gesucht. Mein ganzes Leben lang. Ich war immer schon ein sensibler, ein besonders gefühlsbetonter Mensch. Das trau ich mich offen zu sagen. Die inneren Werte sind ja das, was das Menschsein ausmacht. Hierzulande sind sie längst verschüttet von den Süchten des Lebens, und die Beziehungen zwischen Mann und Frau sind ein ewiger Kampf. Man zieht Grenzen, und dann entgrenzt man sich wieder, und dann setzt man den Helm auf und umklammert das Schwert, und keiner weiß, wie das enden wird und wozu das gut sein soll. Ich habe selbst leidvolle Erfahrungen machen müssen. Du weißt es ja … Drüben gibt es das noch nicht. Man erkennt eine ausgestreckte Hand noch als solche. Man ergreift sie und geht einen Teil des Weges miteinander. Da sind Sachen selbstverständlich, über die man bei uns nur mehr zynisch lächelt.«

Während er spricht, fixiert er mit dem Blick die Ecke des Zimmers, wo Sofa und Schrank sich berühren. Seine Kiefer mahlen die Luft zwischen den Zähnen. Die Zigarette hat er unangezündet im Aschenbecher ausgedrückt.

»Das Hotelzimmer war eigentlich luxuriöser, als ich gedacht hatte«, erzählt er weiter. »Man braucht diesen Schauergeschichten von schmutzigen Betten, kaputten Badewannen, zerschlagenen Waschbeckenarmaturen oder fehlendem Warmwasser keinen Glauben zu schenken. Man darf sich nur nicht mit dem Trinkgeld zurückhalten. Zu nobel sollte man nicht sein, aber man muß das Geld mit Freude geben, mit großzügiger Geste. Das erwarten die Leute. Nach so vielen Jahrzehnten Sozialismus, du verstehst. Genieß das Gefühl. Wenn du mit Selbstverständlichkeit gibst, wirst du's zwei- und dreifach zurückbekommen. Sonst bist du ein Schwein.«

Er breitet die Fotos auf dem Schreibtisch aus. Unscharfe Stadtimpressionen. Glänzende Pfützen, aufgespannte Regenschirme, verwaschene Gesichter vor schmutziggrauen Straßenbahntüren, brüchige Asphaltflächen vor restaurierten Rokokofassaden in Eidottergelb, Brücken, die sich in der Ferne verlieren, Marmorstatuen im Schatten von Bäumen, schmiedeeiserne Ziergitter – Efeu, Medusenköpfe, kantige und krallige Fabelwesen –, ein Regenbogen hinter einem Riß in der Wolkendecke.

»Igor und Mischa wollten mich nicht allein durch die Stadt gehen lassen«, erzählt er und lacht. »Aber so gefährlich ist es wirklich nicht. Mir ist nichts geschehen, sogar in den überfüllten Bussen nicht, vor denen sie mich gewarnt hatten. Im Gegenteil – es hat mich an meine Kindheit erinnert, als wir jeden Sonntag mit dem Fünfundzwanziger zum Arbeiterstrandbad an die Alte Donau gefahren sind. Mein Vater machte die Ellbogen ganz spitz, um uns den angestammten Platz im Wagen zu erkämpfen. Das war zwar brutal, aber immer noch menschlicher als später, nachdem er sich endlich den VW-Käfer leisten konnte. Da kam die Sau in ihm erst so richtig raus. Ich erinnere mich, einmal auf der Reichsbrücke ...«

»Du bist spazierengegangen, und dann hat man dir also irgendwo die Frauen vorgeführt«, unterbreche ich ihn.

Die alten Geschichten von den Straßenbahnfahrten in den sechziger Jahren hatte er mir schon Dutzende Male erzählt.

»Jeden Nachmittag punkt dreizehn Uhr dreißig kam ich ins Kaffeehaus Rosowij Oslik, was soviel wie Rosa Eselchen bedeutet. Ein fragwürdiges Etablissement, wenn auch direkt am Newskij Prospekt, also sehr zentral, gelegen. Die Gäste sahen aus … Na ja, du kennst sicher solche Typen: Bullterrier mit Handy und Krawatte. Aber Igor und Mischa waren ja beide auch so bebizepste Wesen. Wie dem auch sei – man darf Agenturen dieser Art nicht trauen, besonders nicht ihren Katalogen. Wie sich später herausgestellt hat, war die Mehrzahl der in der Hochglanzbroschüre abgebildeten Frauen längst in Wien, Linz oder Bludenz verheiratet.«

Er grinst, während seine Augen ernst bleiben.

»Den Namen der ersten Frau am ersten Tag kenne ich nicht«, sagt er. »Sie kam herein, schaute sich um, suchte unseren Tisch. Die Haare wasserstoffblond gefärbt und dauergewellt wie einbetoniert. Falsche Wimpern. Die Schminkschicht zentimeterdick. Der Minirock ließ alles offen. Also so eine Art von Frau. Ich schielte hinüber zu Igor, der als Übersetzer fungierte, und fragte ihn, ob das ein Witz sei. Er antwortete nicht, sondern deutete nur mit dem Kopf, und plötzlich war die Frau weg.

Die nächste war Tanja. Die war eher ein armer Tropf, wenn du verstehst, was ich meine, hat mich kein einziges Mal angeschaut, immer nur mit ›Ja‹ und ›Nein‹ geantwortet und außerdem an den Fingernägeln geknabbert. Das kann ich nicht ausstehen. Du weißt doch: ich bin leidenschaftlicher Allergiker. Wenn jemand mit der Gabel oder einem Messer über den Tellerboden kratzt, bekomme ich Schüttelfrost und beim Anblick einer Küchenschabe einen Anfall. Mindestens zweimal am Tag putz ich meine Wohnung. Und dann sowas. Schuppen hatte diese Tanja auch. Als sie gegangen war, hat Igor mich angesehen und gemeint: ›War nur erster Versuch. Jetzt kommen gute Mädchen. Richtige Mädchen. Interessantere Mädchen.‹

Aber es ist an jenem ersten Tag keine mehr dagewesen, die wirklich in Frage gekommen wäre. Wir sind hinter einem dunkelgrauen Tisch gesessen, mit dem Gesicht zur Tür und zur Vitrine, die auf den Prospekt ging. Draußen rauschte der Verkehr. Die Frauen kamen herein und blieben zwischen Eingang und Theke wie angewurzelt stehen. Ich hab jedesmal nur ein-, zweimal hinschauen müssen. So beiläufig. Das hat eigentlich schon gereicht.«

Er wird rot. Diese alte Verlegenheit, die ich so gut an ihm kenne. Beinahe ist er mir wieder sympathisch.

Er mischt die Fotos wie ein Kartenspiel. Seine Hände zittern leicht. Er öffnet eine Schublade, ohne jedoch die Fotos hineinzulegen. Statt dessen breitet er sie wieder vor mir auf dem Schreibtisch aus. So als hätte sich die Stadt gehäutet, die Haut in Scheiben geschnitten und sie neu zusammenwachsen lassen.

»Du darfst nicht glauben, ich ginge nur nach Äußerlichkeiten«, sagt er. »Es ist nur so, daß sich am Gesicht und am Körper jedes Menschen bei genauerem Hinsehen ablesen läßt, wie dieser Mensch in zehn, zwanzig oder dreißig Jahren aussehen wird. Als meine Frau mich verließ, versuchte ich mir vorzustellen, wie sie mit achtzig aussehen wird. Ich hab es nie geschafft. Und das war viel furchtbarer als die verletzenden Worte, die Tränen oder der Augenblick, als sie die Uhr von der Wand nahm – du erinnerst dich sicher –, die Uhr, die sie von ihrer Großmutter geerbt hatte. Als wir zusammengezogen sind, war die Uhr das erste, was in der noch leeren Wohnung seinen Platz erhielt.«

Ich erinnere mich, wie er mir erklärte, daß es endgültig zu Ende sei, und denke an das wutverzerrte

Gesicht seiner Frau am Vortag und wie ich einen Tag später auf ihn einredete und er die Zigarette auf seinem Handrücken ausdrückte und wie seine Frau mich mehrere Male anrief, um sich nach ihm zu erkundigen, und wie ich barsch antwortete, sie solle doch selber nach ihm sehen, und wie sie mich zum Teufel wünschte.

»Die Frauen wandten natürlich alle möglichen Tricks an. Diese lasziven Blicke, diese Gesten, diese vorgespielte Schüchternheit. Da waren welche, die mir gleich um den Hals fielen. Eine sprach sogar von meiner außergewöhnlichen Ausstrahlung als Mann. Da habe ich Igor gar nicht mehr anschauen müssen. Er wußte schon …«

Das Schweigen ist keine Stille. Manchmal glaube ich, in den Pausen zwischen den Sätzen immer noch seine Worte zu vernehmen. Als jagten sie, Fliegen gleich, durch den Raum.

»Nach zwei Tagen war ich fix und fertig. Du kannst dir gar nicht vorstellen, was man da zu hören bekommt. Der singende Tonfall der russischen Sprache dröhnte in meinen Ohren.

Eine der Frauen erklärte mir, sie sei eine gute Köchin … Man wird einander vorgestellt, tauscht die üblichen belanglosen Sätze aus – den Dolmetscher immer zwischengeschaltet, der den Worten einen falschen Tonfall gibt, etwas Schamloses daraus macht – und dann kommt plötzlich dieses: ›Kennen Sie die russische Küche? Ich kann übrigens ganz ausgezeichnet kochen.‹ Eine andere versuchte damit zu punkten, sie sei Krankenschwester. Doch damit war sie bei mir an der falschen Adresse. Ärzte heilen und Krankenschwestern verwalten die Krankheiten … Oder umgekehrt?«

Er schmunzelt leicht, umklammert mit beiden Händen die Tischkante, kaut an seinen Lippen.

»Dann gab es natürlich andere, die sehr direkt vorgingen, so als wollten sie den Vorurteilen zuvorkommen, indem sie diese bestätigten«, sagt er. »Eine hat sogar betont, es gehe ihr ausschließlich um die Auswanderung, bis zum Erhalt der österreichischen Staatsbürgerschaft werde sie mir aber eine gute Ehefrau sein. ›Ich bin sehr attraktiv‹, erklärte sie. ›Schauen Sie mich doch an! Talentiert im Bett bin ich auch.‹

›Das ist aber schön‹, habe ich gemurmelt und geschwiegen. Kluge Bemerkungen fallen einem ja immer erst ein, wenn es zu spät ist. Später hat mir Igor erzählt, diese junge Frau habe schon einmal aus Rußland hinausgeheiratet, nach Deutschland, nach Aschaffenburg. Die Beziehung sei jedoch bald in Brüche gegangen und die Frau habe nach Rußland zurückkehren müssen.

Aber am schlimmsten waren die Rührseligen: ›Sie haben doch sicher schon von der berühmten russischen Seele gehört. Ich bin diese russische Seele.‹ Über so etwas konnte man ja noch lachen, nicht aber über diese weiten Herzen, eines weiter als das andere. All das wurde einem vorgegaukelt, endlos variiert. Und diese bettelnden Augen. Verstehen kann ich's ja. Wenn ich so leben und überleben müßte wie die, würde ich meinen Arsch auch jedem hinhalten, der mich aus der Misere herausholt.«

Ich merke, daß ihm seine Worte unangenehm sind. Er ist kein ordinärer Mensch. Das betont er. Wenn ihm »ein unschönes Wort entweicht«, wie er sich auszudrücken pflegt, murmelt er leise Entschuldigungen. Wenn ich nicht wüßte, daß er nie religiös gewesen ist, könnte man glauben, er betet.

»Schließlich war dann doch eine dabei, die auf mich einen guten Eindruck gemacht hat. Ljuba. Eine ehemalige Lehrerin, die jetzt in einem Nachtclub arbeitet. Eine wirklich intelligente Frau, eine von der bescheidenen Sorte, für die Bildung eine Selbstverständlichkeit darstellt und kein Hammer ist, mit dem man auf den anderen eindrischt. Ganz jung war sie auch nicht mehr. Vielleicht siebenunddreißig, achtunddreißig. Vor dem Zusammenbruch der Sowjetunion hatte sie Deutsch an einer Mittelschule unterrichtet. Das hat einiges erleichtert. Endlich konnte ich ein privates Gespräch führen.

Igor hielt sich dezent im Hintergrund, zog sich an einen Nebentisch zurück und spendierte eine Runde für die Bullterrier. Erst da ist mir klargeworden, daß die nicht nur alle irgendwie zusammengehörten, Igor, Mischa, die Bullterrier im Lokal, ja das ganze Lokal und das Haus, sondern, daß da wirklich eine enge Verbindung bestand ...«

Am Stadtplan erklärt er mir, wie sie vom Newskij Prospekt auf die Petrograder Seite gefahren sind. Die Route ist mit rotem Kugelschreiber markiert. Igor habe sie mit dem Auto zu Ljuba nach Hause gebracht. Ein sechsstöckiges Gebäude aus der Zeit vor der Jahrhundertwende, ohne Lift, mit dunklen, feuchten Gängen. Dies habe ihm aber seltsamerweise nichts ausgemacht. Zu sehr hätten ihn Ambiente und Geruch an die eigene Kindheit in Wien erinnert. Im Tröpferlbad habe es manchmal auch so gerochen.

»Sie schrauben dort die Glühbirnen am Gang raus, die Hausparteien. Um nicht selber welche kaufen zu müssen. Geld ist ja rar geworden, besonders nach der großen Rubelkrise vor ein paar Jahren. Im Erdgeschoß ist am Gang eine Gestalt in zerfetzten Kleidern in einer großen Schachtel aus Karton gelegen. Ljuba nannte ihn Arkaschenjka. Sie erklärte ihm etwas, zeigte auf mich, ich verstand aber nur Inostranez, was soviel wie Ausländer bedeutet, Avstrija und Wjena. Arkaschenjka sprang auf. Allzu fest auf den Beinen war er nicht. Er stützte sich an der Mauer ab und krallte sich an Ljubas Schulter. Mit einiger Mühe gelang es ihm, meine Hand zu schütteln. Seine Handfläche war aufgerauht, voller Risse, blutig. Sein Geruch hat mich fast umgehauen. Du weißt, daß ich seit Jahren keinen Alkohol trinke. Ich mußte meine ganze Selbstbeherrschung mobilisieren. Arkaschenjka hatte Tränen in den Augen. ›Avstrija, Wjeeena …‹, murmelte er. Dann griff er auch mit der zweiten Hand nach mir und rutschte langsam wieder hinunter in die Schachtel. Seine Augen wanderten an meinem Körper auf und ab, zogen mich aus. Ich nahm einen Zehndollarschein aus meinem Portemonnaie, den mir Ljuba sofort abnahm. ›Bist du verrückt?‹ fragte sie. ›Willst du ihn umbringen? Er versäuft sofort alles und ist morgen tot!‹

Der Mann schrie uns etwas nach, als wir die Treppe hinauf gingen. Auf meine Frage sagte Ljuba: ›Er will mit dem Trinken aufhören, wenn du ihm etwas vom Leben in Wien erzählst. Je mehr er säuft, umso sentimentaler wird er. Er ist unser Liebling, der Arkaschenjka. Wenn's soweit ist, legen alle zusammen für sein Begräbnis. Alle hier im Haus.‹«

Während er spricht, wird er selbst sentimental, wischt sich die Augen mit einem Papiertaschentuch ab, in das er sich dann hineinschneuzt, atmet tief durch, räuspert sich. Es sei schon ein Wahnsinn, was das Menschengeschlecht alles durchmachen müsse, meint er. Nun habe ein neues Jahrtausend begonnen, und keine Besserung sei in Sicht. Ich unterbreche ihn noch rechtzeitig, bevor er zu einem seiner Lieblingsthemen abschweift.

»Sie standen vor mir wie Zinnsoldaten. Großvater. Großmutter. Mutter. Vater. Onkel. Tante. Bruder Eins. Bruder Zwei. Schwester. Schwager. Nichte. Sogar der Babyneffe, der zweijährige.

Es war fast wie damals beim Bundesheer, wenn der General auf Inspektion kam. Unangenehm war mir das schon, aber ich muß zu meiner Schande gestehen, daß sie mich doch nicht ganz kalt ließ. Diese Form von Aufmerksamkeit.

Jeder gab mir artig die Hand, nur der Babyneffe nicht gleich, und sie haben ihn angeschrien und so lange herumgeschubst, bis er mir dann doch noch sein dürres Händchen entgegengestreckt hat, und ich habe wie ein Papagei nur wiederholt, daß ich es völlig unnötig finde, das kleine Kind zu quälen. Ich mag ja Kinder, wie du weißt. Auch meine Frau mochte welche. Als sie dann tatsächlich schwanger wurde, ist es der falsche Zeitpunkt gewesen …«

Das weckt bei mir unangenehme Erinnerungen, und ich bin froh, daß er innehält. Ich muß daran denken, wie er und seine Frau bei mir gesessen sind an jenem Abend danach und wie er philosophiert hat – über die Zeit und jene günstigen Augenblicke im Leben, die zu erkennen ihm gegeben sei, intuitiv, »sozusagen aus dem Bauch heraus«, wie er sagte, während sie nur zu Boden starrte, die Hände zu Fäusten geballt und in den Schoß gepreßt.

»Wir haben uns im Wohnzimmer um einen großen Tisch versammelt, der sich unter den Speisen zu biegen schien«, setzt er seine Erzählung nach kurzem Schweigen fort. »Später erfuhr ich, daß hier das Monatseinkommen einer Großfamilie verpulvert wurde –

für den Gast aus Österreich. Das war mir zu jenem Zeitpunkt nicht bewußt, sonst hätte ich wohl zugegriffen, aber ich hatte keinen Appetit, weil mir zuviel durch den Kopf ging.

Der Fernseher ist die ganze Zeit gelaufen, das Telefon hat mehrmals geläutet, und irgendwann tauchte die schon etwas verwirrte Urgroßmutter im Schlafrock auf. Sogar ein Nachbar schaute herein, ein älterer Herr mit massigem Kinn. Er blieb in der Tür zum Wohnzimmer stehen und durchlöcherte mich mit seinen Blicken. Gegrüßt hat er mich nicht, nur ein paar Worte mit meinen Gastgebern gewechselt. Dann ist er wieder gegangen.

Wir sprachen kaum, haben eigentlich nur Höflichkeiten ausgetauscht. Ljuba hat übersetzt. Sie haben einige Fragen gestellt, mehr zu meinem Lebensstil als zu meiner Person. Als sie erfuhren, daß ich nie den Führerschein gemacht habe, gab es verblüffte Ausrufe, ungläubiges Kopfschütteln. ›Wie kann man nur freiwillig auf das Autofahren verzichten, wenn man sich ein Auto leisten könnte‹, hat Ljubas Vater gerufen. Diese Führerscheingeschichte, aber nicht nur die, scheint ihn ziemlich verwirrt zu haben. Die Menschen drüben sind ja immer noch so naiv, trotz Mafia, Marlborowerbung und Internationalem Währungsfonds. Als ich ihnen erzählte, wieviel ich schuften muß in meinem Beruf, meinte einer: ›Ich habe immer gedacht, im Westen müsse niemand Überstunden machen.‹ Die ganze Zeit wollte ich höflich sein, aber da habe ich laut lachen müssen.«

In Wirklichkeit arbeitet er schon seit Jahren nicht mehr. Seinen kleinen Grafikbetrieb hat er gegen Leibrente an einen früheren Mitarbeiter abgegeben. Wozu also das Theater?

»Ich konnte doch nicht den Scheißkapitalisten, Müßiggänger und Millionär spielen«, erklärt er. »Sie haben ohnehin schon gedacht, ich bade jeden Abend in Eselsmilch. Ljuba sagte schließlich etwas auf Russisch, und alle drängten in die Küche und zogen die Tür hinter sich zu, während sie mir einen Kuß gab und sich auszuziehen begann.«

Er steht auf und beginnt im Zimmer auf und ab zu gehen. Vor dem Spiegel bleibt er stehen. Auf den ersten Blick scheint es, als würde er mit sich selbst sprechen, aber er schaut an seinem Spiegelbild vorbei.

»Das hat alles zerstört. Alles!« schreit er. »Ich fliege doch nicht zweitausend Kilometer, um in einem schäbigen, verwanzten Wohnzimmer zu bumsen, während die Familie in der Küche auf das schöne Leben anstößt, das die vielversprechende Verbindung zum Mann aus dem sagenhaften ›Avstrija‹ ihnen bescheren wird.

›Nein!‹ habe ich geschrien. ›Nicht so! Nicht hier!‹

Sie hat sich sofort angezogen und so armselig dreingeschaut, daß ich mir wieder als Miesling vorgekommen bin.«

Jetzt faßt er mich an den Schultern, schüttelt mich.

»Warum? Warum? Warum bin ich für euch alle immer der Miesling? Kannst du mir das sagen? Für meinen Vater, für meine Frau, für diverse sogenannte Freunde, die sogenannten guten, die immer zu einem stehen. Das sind die schlimmsten. Man wird sie nie los, auch wenn man ihnen ins Gesicht spuckt. ›Komm, beruhig dich, setz dich hin und erzähl, was in dir vorgeht‹, sagen sie dann immer und wischen sich die Spucke mit dem Ärmel aus dem Gesicht. Und ich bin wieder einmal das Schwein. Wie ich das hasse!

Du bist nicht besser. Du bist überhaupt der Schlimmste von allen. Mich hast du damals spüren lassen, du seist auf ihrer Seite, und wenn du mit ihr gesprochen hast, warst du plötzlich wieder mein Freund, nur um mir daraufhin zu erklären, was für ein Arschloch ich bin… Ja, jetzt lächelst du, anstatt mir eine in die Fresse zu hauen.«

Ich warte, bis der Anfall vorbei ist. Blizzardartig ist er über ihn gekommen, ebenso schnell geht er vorüber. Jetzt steht er am Fenster, mit dem Rücken zu mir, und erzählt weiter, mit ruhiger Stimme.

»Sie hat die Bluse wieder zugeknöpft. ›Ich dachte, du willst das‹, flüsterte sie. ›Der andere Mann, beim letzten Mal, vor einem Monat, auch ein Österreicher, wollte das auch.‹

›Ich bin nicht einer von diesen Männern‹, sagte ich und lief aus der Wohnung, die Stufen hinunter, am schlafenden Arkaschenjka vorbei. Igor startete den Motor, lehnte sich aus dem Fenster, aber ich schüttelte den Kopf und ging zu Fuß Richtung Newa …«

Kurzes Schweigen, fünf Schritte vor, halbe Drehung, fünf zurück, zum Spiegel, zum Fenster, zum Tisch.

»Du glaubst jetzt sicher, ich sei ein Idiot, ein Verrückter und ein Phantast zugleich. Du hast recht! Ich wollte alles auslöschen. Von Null beginnen. Kein Ballast. Zweitausend Kilometer …«

Eine schnelle Runde durch das Zimmer, Richtungswechsel und gleich noch eine Runde.

»Ich rief sie vom Hotel aus an. Ich weiß gar nicht mehr, was ich alles gesagt habe, aber sie versprach, am Abend zu mir zu kommen.

Ich zählte die Stunden. Um acht war sie da. Sie hatte einen alten Mantel an – keine Frau bei uns würde sich trauen, einen solchen anzuziehen – und ein Häubchen und ausgetretene Schuhe. Sie sah alt aus, wirklich alt, aber ich war froh.

Wir haben lange geredet. Das heißt – eigentlich habe ich von mir erzählt, sie hat nur Fragen gestellt oder genickt und hat mein Gesicht und meine Bewegungen beobachtet. Etwas später hat sie meine Hände gestreichelt. Ich hätte so wunderschöne, so zarte, so gepflegte Hände, hat sie gesagt …

Wir sind ins Bett gegangen, aber es wollte nicht klappen.

›Macht nichts‹, meinte sie. ›Wenn wir in Wien sind, bei dir, wirst du dich sicherer fühlen. Wir haben ja noch Zeit. Viel Zeit.‹

Die Agentur habe alles arrangiert, erklärte sie. Das Touristenvisum nach Österreich für einen Probemonat mit mir, für beide Seiten natürlich völlig unverbindlich, ihr Flugticket hin und retour, eine Luxussuite in einem Fünfsternhotel für eine Woche in Krumpendorf am Wörthersee, einen Ausflug nach Venedig mit Sightseeingtour und Gondelfahrt.

Sie hat mich angeschaut, freundlich, fast gütig, aber dieser Blick war fern, nach innen gekehrt, so als sei sie eine unbeteiligte Zuschauerin. In diesem Augenblick bin ich in Panik geraten.«

Er beschleunigt den Schritt, hastet im Zimmer auf und ab, bleibt vor mir stehen, und ich fühle seinen Atem an meiner Wange und rieche das Rasierwasser, das seine Frau so mochte.

»Du kennst sicher diese Situation«, sagt er leise. »Man tut etwas Blödsinniges. Man weiß genau, daß es blödsinnig ist, aber man gehorcht einer inneren Stimme, und letztlich hat diese Stimme doch irgendwie recht …«

Ich nicke. Ja, ich kenne das Gefühl.

»Wir sind eine Zeitlang schweigend nebeneinander gelegen. Dann hat sie sich im Bett aufgerichtet, und ich dachte, sie wolle nach Hause gehen. Ich bin aufgestanden, habe zweihundert Dollar aus meiner Geldbörse geholt, habe sie ihr entgegengestreckt und gemurmelt: ›Für deine Familie, ich weiß, wie schwer ihr es habt.‹

Ich muß kurios ausgesehen haben, nackt, mit den Geldscheinen in der Hand.

Ihre Augen haben kurz aufgeblitzt, zwei Schüsse waren das, zwei richtige Schüsse, das Gesicht verhärtet und noch zehn Jahre älter. Sie hat den Mund aufgemacht, tief Luft geholt. Aber... Sie hat dann doch nichts gesagt, hat das Geld genommen und es schnell in ihrer Handtasche verschwinden lassen.

Es waren vielleicht nur diese paar Sekunden, die schließlich alles entschieden haben.

Dann wurde ihr Gesicht wieder freundlicher, so ein Lächeln mit Grübchen in den Wangen und diese sanften, diese leeren, abwesenden Augen. Sie bedankte sich für das Geld, nannte mich großzügig. Ich sei ein herzensguter Mensch. Dann erzählte sie, wie schlecht es ihrer Familie wirklich geht.

Eigentlich hätte ich noch fünfhundert Dollar drauflegen müssen.

›Von den zweihundert sind zehn für Arkaschenjka‹, habe ich gesagt und gelacht. ›Fünf fürs Niedersaufen und fünf dann später fürs Begräbnis. Wenn schon alle Hausbewohner zusammenlegen, möchte ich mich auch beteiligen ...‹

Ich bin vielleicht ein Schwein, möchte das gar nicht bestreiten, aber an jenem Abend wurde ich von Minute zu Minute gelöster. Ich denke, sie hat verstanden, was in mir vorging, denn sie ist immer nervöser geworden, übertrieben freundlich. Eine Schmeichelei nach der anderen, Liebesbeteuerungen mit kürzer werdenden Intervallen.

Und als sie ganz fern von mir war, konnte ich plötzlich wieder. Ich bumste sie, und sie flüsterte mir Koseworte ins Ohr. Es war so, als würde man ein Tonband abspielen ...«

Er wartet auf eine Reaktion von mir, schleicht um mich herum. Aber ich bleibe unbeweglich, habe meine Hände auf die Knie gelegt, weiche seinen Blicken aus. Ich kann ihm nichts abnehmen. Nicht jetzt.

»Wir sind in der Abflughalle gesessen, Mischa, Igor und ich, und haben lange auf Ljuba gewartet.

›Sie kommt nicht!‹ stellte Mischa schließlich fest.

Was du nicht sagst, dachte ich.

›Ich hole sie. Sie kommt! Wir haben Abmachung. Sie muß!‹ sagte Igor, aber ich hielt ihn am Ärmel zurück. Dann habe ich lange auf ihn eingeredet und beteuert, daß ich das nicht wolle und eigentlich ganz froh sei, daß es so gekommen war.

Er hörte mir mit ernster Miene zu, runzelte die Stirn, und zum ersten Mal empfand ich fast physisch, wie sehr er mich verachtete.

›O.K.‹, sagte er schließlich. ›Du zahlst! Tausend Dollars.‹

Der Atem ist mir weggeblieben. Stell dir vor – da steht so einer vor dir und verlangt tausend Dollar. Bar auf die Hand. Ich habe noch versucht zu protestieren, ihn darauf hingewiesen, daß ich alle Gebühren schon an die Agentur entrichtet hatte, und daß ich schließlich allein nach Hause fliege. Ein Mißerfolg. Igor hat dann nichts mehr gesagt, aber Mischa hat mich mit der einen Hand am Kragen aus dem Sessel gehoben und mit der anderen Hand an den Hoden gepackt und gesagt: ›Du zahlst, Hurensohn, oder du bald brauchst keine Frau mehr!‹«

Er schmunzelt und beginnt dann zu lachen, setzt sich und zündet sich endlich seine Zigarette an.

»Und du hast denen wirklich tausend Dollar gegeben?« frage ich.

»Ach wo. Ich hatte gar nicht mehr so viel bei mir. Aber die dreihundertfünfundsiebzig, die noch in meiner Geldtasche waren, mußte ich den beiden aushändigen. Die Schillingscheine haben sie mir gelassen, haben sie nur mit einer Mischung aus Ekel und Verachtung kurz gegen das Licht gehalten. Am Schluß haben sie wieder gelächelt, mir auf die Schulter geklopft. ›Bis zum nächsten Mal‹, haben sie gesagt.

Als ich dann zurückgeflogen bin, habe ich die Augen geschlossen und an eine Fahrt mit der Wiener Stadtbahn gedacht, mit der alten, der roten, die es schon längst nicht mehr gibt. So habe ich mich als Kind immer auf Wien gefreut, wenn meine Eltern mit mir und meiner Schwester im stickigen VW von Cattolica wieder nach Hause unterwegs waren, endlos lang. Damals habe ich mir das angewöhnt, und es ist auch heute noch so: Augen zu. Einsteigen. Und dieses ganz besondere Quietschen der Falttüren …«

Hermann Broch

Kulinarisches Liebeslied

Weißt du's noch? damals aßen wir
zart-jungen Mais
mit Butter; die Spitzen waren weich
und die Kolben ganz weiß.

Weißt du's noch? damals aßen wir
Shishkebab mit Reis,
und nachher verlangtest du
Himbeereis.

Weißt du's noch? damals aßen wir
indianische Götterspeis
voller Curry, und wir tranken und tranken,
und die Welt glühte heiß.

Weißt du's noch? damals aßen wir
in laut-festlichem Kreis –
war's Geburtstag? war's Hochzeit?
im Herzen war's leis.

Oh, ich weiß, ich weiß:
wen's freut den andern essen zu sehn,
des Liebe wird täglich und nächtlich aufs neue
erstehn
und nimmer vergehn.

Keto von Waberer

Die Mysterien eines Feinkostladens

Frau Swoboda, die schöne Witwe, arbeitete im Feinkostladen.

Sie stand hinter der Theke und trug ein glänzendes mokkabraunes Schürzenkleid mit einem kleinen Spitzenlätzchen über Brust und Bauch. Vor ihr auf den Marmorplatten lagen, von einem klaren Häutchen aus Gelee umgeben, Köstlichkeiten aufgereiht wie Juwelen. Die Lachsschnitten mit ihren Limonenscheiben und Dillpinseln, die gefüllten Eier mit ihren Kappen aus rotem Kaviar, die Rehnüßchen, die sich an Mangoschnitzen rieben. All das versetzte Frau Swoboda den ganzen Tag in eine leichte Erregung.

Früher hatte sie Obst abgewogen, in einem eiskalten Eckladen, in dem es nach welkem Kohl und Speck roch. Sie hatte sich verbessert, und jeden Morgen, wenn sie die neuen Tabletts entgegennahm, die aus der Küche heraufgetragen wurden, und ihre Pretiosen liebevoll für das Auge der Kunden dekorierte, dankte sie ihrem Schicksal und seufzte genüßlich. Den ganzen angenehmen Tag über konnte sie vergessen, daß ihr Schicksal einen Namen hatte, Herr Werner hieß und hinter der Weintheke stand. Werner war es gewesen, der sie entdeckt hatte, wie er es nannte, und dem sie ihren Platz hinter der Leckereientheke verdankte. Er war damals ihr Kunde gewesen, und sie hatte ihm mit roten Händen manche Tüte Kartoffeln und Tomaten abgewogen. Frau Swoboda war ihm dankbar, und doch überkam sie gelegentlich eine leichte Ungeduld, wenn sie seinen runden Kopf mit den blitzenden Brillengläsern vor den Weinregalen schweben sah wie einen bleichen Mond. Wie nur war sie in diese Verlobung geraten, wie in die enge plüschige Wohnung, in der Herr Werner mit ihr hauste?

Natürlich durfte niemand im Laden davon wissen, und er verriet sich auch nie – weder mit einem Blick noch mit einer Geste. Das fiel ihm schwer, wie er ihr abends flüsternd gestand, auf dem rotbezogenen Plüschsofa und ohne Brille. »In unserem Nest«, sagte er.

Frau Swoboda hielt sich an, die Abende zu genießen, immer stand eine gute Flasche Wein auf dem Kacheltisch, immer lag ein Paket mit kleinen Schweinereien, wie Herr Werner sie nannte, bereit, die Frau Swoboda aus der Küche erhalten hatte, von ihrer Freundin Ilse, die mißratene Gebilde stets für sie zur Seite legte.

Warum sehnte sie sich an ihren Abenden gelegentlich nach dem zugigen Laden und dem engen Verschlag, in dem sie damals geschlafen hatte, auf einem Klappbett und unter einer schmucklosen weißen Wand? Hier waren alle Gegenstände gediegen. Herr Werner stammte aus gutem verarmten Hause, das sagte er oft. Er hatte Reisen gemacht und Bücher gelesen. Frau Swoboda wunderte sich, daß sie manchmal wehmütig an ihre Vergangenheit dachte und daran, wie ihr Chef, ein Trunkenbold und Geizkragen, ihr abends auf den Hintern klatschte, wenn sie dabei war, den Rolladen herunter zu lassen.

Herr Werner, und sie nannte ihn in Gedanken immer nur so, war ein kultivierter Mittvierziger, der ihr in seinem grauseidenen Kimono gegenübersaß und geduldig wartete, bis sie sich mit einem Glas Wein für die weiteren Ereignisse des Abends gestärkt hatte.

Das Telefon war leiser gestellt und die Vorhänge zugezogen.

Frau Swoboda, die die Prozedur hinter sich zu bringen gedachte, verschwand im Bad, darauf bestand Herr Werner, und so war es von Anfang an ausgemacht worden. Sie tauchte auf in einer Wolke von Wasserdampf und dem Duft von Rosenöl. Sie nahm ihm gegenüber im Sessel Platz, wie immer. Seine Augen funkelten, sonst aber war ihm nichts anzumerken. Er hielt das Händchen schon quer über den Knien und liebkoste es nachlässig. Das Händchen, ein meterlanger Stock, der in einer kindergroßen Hand mit ausgestrecktem Zeigefinger endete, hatte Herr Werner von einer Reise nach Bali mitgebracht, es wurde dort zu irgendwelchen kultischen Handlungen verwendet, die er ihr nie genauer hatte beschreiben können: »Wir machen hier unsere eigenen Rituale«, sagte er und lächelte mit gesenktem Blick.

Er legte die Platte auf, zarte Flötentöne und Bambusxylophone, ohne sie aus den Augen zu lassen, und gab ihr dann mit seinem Zepter das Zeichen. Sie erhob sich, schälte sich aus dem Bademantel und stand vor ihm, bemüht, den Bauch einzuziehen, und vor allem nicht zu kichern, denn nichts konnte ihn mehr aus dem Konzept bringen als das.

Er winkte sie heran, betrachtete sie versonnen, hob das Stöckchen und kiekste sie sacht in den Magen, nein, er tat ihr nie weh, wollte sie auch nicht kitzeln oder quälen. Er zog eine kleine Linie vom Bauch, durch das Tal des Nabels hinauf und zwischen den

Brüsten hoch zum Kinn, hob es an und seufzte. Sein hölzernes Fingerchen wanderte auf ihr herum, stupste die Brüste, umrundete die braunen Knospen, verschwand in der Achselhöhle, zeichnete die Arme nach, senkte sich dann Rippe für Rippe zur Hüfte, umkreiste den Hügel des Bauches, streifte die lockigen Haare in ihrem Schoß, prüfte die Leistenfalte, schob sich zwischen ihre Schenkel, klopfte an die Knie.

Frau Swoboda konnte nicht verhindern, daß sie die Wege des Holzfingerchens erregten, sie fühlte sie wie blaue elektrische Linien, gezogen über ihr weißes Fleisch. Sie stand, die Augen geschlossen, und vergaß die falschen Perserteppiche unter ihren nackten Sohlen, die bauschigen Polstermöbel, die Ikealampen. Sie sah sich nackt im safrangelben Sand eines fernen Strandes ausgestreckt, die Gliedmaßen abgespreizt wie ein glitzernder Seestern, und ein junger, dunkelhäutiger Mann mit öligem Haar und einer langen, korallenroten Zunge zeichnete mit seinem Speichel silberne Pfade auf ihre Haut. Oder sie stand in einem hallenden Raum auf einem Holzschemel, und um sie herum war das Flüstern und Rascheln von vielen Menschen zu hören, die sie, wie sie wußte, alle ansahen. Ein weißhaariger bärtiger Maler in farbbeflecktem Mantel stand vor ihr, und sein Pinsel wanderte auf ihrem Körper herum ohne abzuirren. Sie fühlte die kühle Farbe auf ihrer Haut trocknen und an ihren Schenkeln herunterlaufen. Der alte Professor atmete schwer, und sie wußte, daß er das nicht aus Anstrengung tat, sondern weil er sie so schön fand.

Frau Swoboda war nicht eigentlich schön. Sie neigte zur Fülle, ihre Brüste waren rund und schwer wie Melonen, ihr Hintern ein paar Hände voll. »Meine

Steinzeitvenus« nannte sie Herr Werner, denn er war gebildet und sein Posten im Laden machte ihn zum Gebieter der gesamten Alkoholikaabteilung, Sein Wort hatte Gewicht. Die Lehrlinge und Verkäufer hörten ehrfürchtig auf ihn.

Das Fingerchen, Herrn Werners verlängertes Fingerchen, hatte nun den Ort gefunden, an dem es am Ende seines langen Umherlaufens immer zur Ruhe kam, das heißt nicht wirklich zur Ruhe, dort in der Mitte ihres kleinen Haardreiecks bohrte es sich ein und verhielt eine Weile bebend – denn Herrn Werners Hand war nun nicht mehr allzu ruhig –, tanzte einen kleinen Tanz zum Trillern der Flöten, drang tiefer ein, zog sich zurück, schob sacht, sacht auseinander, was geschlossen war, glitschte ab, stieß wieder zu, paßte sich dem Rhythmus der Xylophone an.

Frau Swoboda hatte sich durch einen Blick aus halbgeschlossenen Augen vergewissert, daß es nun bald und endlich zu Handgreiflichkeiten kommen durfte. Aus den Falten von Herrn Werners Robe hatte sich ein anderer, keineswegs hölzerner Finger gehoben und wies unmißverständlich auf sie. Aber Geduld, noch war das erlösende Wort nicht gesprochen. Frau Swoboda, die mit ihrem flinkzüngigen Liebsten unter der Palme nun bereits ziemlich weit gekommen war – er hatte sich an ihrer rechten Brust festgesaugt und seine braunen Finger steckten tief in ihrem rötlichen Busch, der so naß war, daß er aussah wie ein dunkles Federpolster – Frau Swoboda also mußte darauf achten, nicht mit den Füßen auseinander zu treten und zu stöhnen, das war nicht erlaubt.

»Wem gehört dieses leckere Pastetchen?« fragte Herr Werner mit unsicherer Stimme, und »Mir« antwortete Frau Swoboda. »Kann ich es kaufen?« – »Ja, gerne, mein Herr«, sagte Frau Swoboda. – »Ist es frisch? Weich? Bekömmlich?« – »Gewiß, mein Herr.«

Nun kostete Herr Werner das Pastetchen, das war eigentlich ein Stilbruch, Frau Swoboda hätte das im Laden nie erlaubt. Aber sie kümmerte sich nicht darum. Herr Werner prüfte eingehend und kennerisch. Er machte das gut, natürlich, ein Weinkoster. Er schnalzte, schmatzte und schnurrte. »Ich nehme es«, sagte er nach einer Weile, und Frau Swoboda beeilte sich, ihm die Ware zukommen zu lassen. Einmal hatte sie gefragt, ob sie es ihm einpacken solle, aber da war er ganz aus dem Tritt gekommen. Alles mußte seine Ordnung haben. Er hatte ja eigentlich auch recht, wenn jemand einpackte, dann war sie es, die ihn einpackte, und das tat sie nun.

Sie schlug das graue Zelt seines Kimonos auseinander und setzte sich auf seinen Schoß. Der Palmenstrand löste sich im Dunst auf, und sie fand sich mit dem schwarzhaarigen Metzger aus der Fleischabteilung an eine Gefriertruhe gelehnt und atemlos an ihn geklammert wie ein Affe um einen Baumstamm. Sie fühlte kaltes Email unter ihrem Hintern, und der Metzger, der nach Schinken roch, schien in ihr zu wachsen und aufzublühen, so daß sie glaubte, ihn bis in ihren Mund spüren zu können. Er hielt sie fest und atmete in ihr Gesicht, seine dunklen Augen flüssig und hämisch. »So geht's nicht zu bei dir und deinen feinen Pinkeln von der Weintheke, bei dieser Flasche«, zischte er. Die schwere Tiefkühltruhe schwankte unter seinem Ansturm. Messer rutschten vom Tisch und hüpften auf dem Boden herum. Er kam keinen Moment aus dem Takt. Und Frau Swoboda kam, willig, ihr Gesicht in Herrn Werners Brust gedrückt, der kurzatmige Worte hervorsprudelte und sie seine

Göttin nannte, sein Honigpastetchen, sein Wachtelzungenragout.

»Niemand liebt sich so kultiviert wie du und ich«, sagte er später, und Frau Swoboda stimmte ihm ermattet zu.

Und obwohl sie Zärtlichkeit für ihn empfand, seit er ihr von seiner Tante Pia erzählt hatte und wie er sie immer mit einem Bambusstöckchen hatte am Rücken kratzen müssen, damals in der guten alten Zeit, als sein Papa die Villa noch nicht verspielt hatte, dachte Frau Swoboda doch jeden Abend daran, sich demnächst in der Fleischabteilung umzusehen. »Der kleine Schwarze steht auf dich«, hatte Ilse ihr zugeflüstert.

»Tante Pia buk die herrlichsten Pasteten«, sagte Herr Werner gerade und reichte ihr ein Blätterteigtörtchen aus der Tüte. »Man durfte sie erst essen, wenn sie ausgekühlt waren – lauwarm, verstehst du? Und wenn sie einen vorher dabei erwischte, gab's was mit dem Stöckchen«; er kicherte, und Frau Swoboda überlegte sich, während sie genüßlich einen schweren Tropfen Ragout fin vom Kinn wischte, ob sie vielleicht ein Bambusstöckchen kaufen sollte, um das strenge Ritual ihrer Abende aufzulockern. Außerdem muß Ilse mir ein Pastetenrezept besorgen, ging es ihr durch den Kopf, aber weiter kam sie nicht. Ihr Liebster besah sie mit glitzerndem Blick, und seine Hand tastete nach dem Händchen, das zu Boden gefallen war.

Wie immer beim Frühstück kämpfte Herr Werner um seine Fassung. Frau Swoboda kannte die Art, wie er sich, wenn er frisch rasiert und in einem neuen brettsteif gestärkten Hemd aus dem Badezimmer kam, gegen sie zu verschließen suchte. Keine Berührung war erlaubt, kein schelmischer Blick. Der Abend und die Nacht wurden mit dem grauseidenen Morgenrock in den Schrank gehängt. Herr Werner rüstete sich für die Welt draußen, er rückte sich zurecht, um die Verantwortung seiner Aufgabe zu schultern. Frau Swoboda aber erfüllten diese Morgenszenen – Herr Werner am Tisch konzentriert über sein Müsli gebeugt, sein mahlender Kiefer im Takt mit seiner Hand, die Honig in den Tee rührte – mit lasterhaftem Verlangen. Es wäre ihr lieb gewesen, wenn er einmal die Besinnung verloren und sich ohne sein Händchen auf sie gestürzt hätte. Sie wußte, daß es bei ihr nicht wirklich um fleischliches Sehnen ging, sondern um Macht. Sie wünschte sich, Herrn Werners Frühstückszurückhaltung hinwegzufegen, um selbst zu triumphieren. Im Schlafzimmer hatte er ihr einen Stuhl zugewiesen, für ihre Unterwäsche, im Schrank eine Lücke für ihre Kleider, im Bad ein Fach für ihre Fläschchen. Ihr Lämpchen hatte sie nicht aufstellen dürfen. Es gefiel ihm nicht, von ihrem Porzellanhirsch ganz zu schweigen, ein Porzellanhirsch aus ihrer Heimat. Sie saß am Tisch und räkelte sich, streckte sich, die runden Arme hoch über den Kopf erhoben, die Finger gespreizt. Sie lackierte sich die Zehennägel, den runden Fuß auf dem Beistelltischchen, den Bademantel lose gegürtet. Er war sowieso etwas knapp. Wenn sie in die Küche verschwand, fühlte sie, wie ihr Bürzel – ein Wort ihres verstorbenen Mannes – unter dem dünnen Frotteestoff bebte. Sie beugte sich tief über Herrn Werner, wenn sie ihm nachschenkte, und sah zu, daß ihr Atem sein Gesicht streifte.

Manchmal standen Schweißtropfen auf seiner Oberlippe, und nur die Tatsache, daß sie zu spät kommen würden – und er warnte sie jeden Morgen davor –, rettete ihn. Danach trennten sich ihre Wege. Herr Werner stieg in sein Auto, Frau Swoboda in die U-Bahn. Frau Swoboda kam nie zu spät.

Sie legte die gebratenen Enten auf ihr Bett aus Kresseblättern. Sie ordnete die korallenroten Hummerschwänze im Stern um das Schüsselchen mit fetter gelber Sauce. Ilse kam aus der Küche herauf, das weiße Häubchen keck über das Ohr gezogen, und hielt ihr ein Tablett mit gefüllten Eiern hin. »Na, charmanter Abend?« fragte sie und ließ ihre Augen über den blauen Fleck auf Frau Swobodas Oberarm gehen. »Und du?« fragte die und zog den Ärmel zurecht. »Das übliche«, flüsterte Ilse und zeigte ihre kurzen breiten Zähne. Sie war mit einem Mann verheiratet, der vier Abende in der Woche im Fitneßcenter zubrachte. »Nicht alle Muskeln profitieren davon«, hatte sie Frau Swoboda einmal gestanden. Von Herrn Werner wußte sie nicht.

Der stand drüben an den kleinen Marmortischchen der Fischabteilung mit dem Weinvertreter aus Burgund. Sie hielten schöne tulpenförmige Gläser in der Hand und blätterten in einem dicken Ordner. Der Wein in den Gläsern, auberginefarben und leuchtend, brachte Frau Swoboda zum Träumen. Jemand hielt sie am Nacken und führte ihren Kopf mit sanfter Gewalt zu einem großen blitzenden Glas mit dicker roter Flüssigkeit. Ihre Lippen berührten den Rand, sie fühlte ihre Oberlippe eintauchen, warm, fast heiß schoß die Flüssigkeit in ihren Mund, es war kein Wein, es war …

Sie schreckte auf, Alfred vom Lager stand vor ihr und hielt sie am Ellbogen. Er lächelte traurig, er sah immer traurig aus, man erzählte sich, er habe eine böse Frau, die ihm das Leben schwer mache.

»Vergessen?« fragte er.

»Ach so… ach nein«, Frau Swoboda machte sich sanft von ihm los. Gemeinsam gingen sie an der Obsttheke vorbei, am Brotstand, an den Schokoladenvitrinen, Alfred sperrte die Tür zu den Lagerräumen auf, und schon umfing sie der bekannte Duft. Es war der Raum, in dem die Käse reiften, und es war die Stunde, in der es an ihr und Alfred war, den Zustand des dort wartenden Käseaufgebots zu prüfen. Alles, was sie von Käse wußte, und das war eine ganze Menge, hatte Frau Swoboda von Alfred gelernt. Sie kannte nicht nur das Land und die Region, aus der die wunderbar vielfältigen Produkte mit ihren wohlklingenden Namen kamen, sie wußte sogar die Namen bestimmter Lieferanten-Familien, in denen ein bestimmter Käse seit Generationen handgerührt und geformt wurde, etwa diese kleinen gesprenkelten Kugeln, pflaumengroß und auf Kräutern lagernd. »Ein heller Geschmack mit einer kleinen Schärfe, dabei auf seinem Höhepunkt zartschmelzend und flaumig«, hatte Alfred gesagt.

Alfreds Finger bebten, wie immer, wenn er neben ihr die flachen rahmweißen Räder des französischen Brie berührte, die auf knisterndes Stroh gebettet waren. Er sah aus, als würde er gleich weinen, und als er den Kopf hob, sah Frau Swoboda wahrhaftig Tränen in seinen Augen. Es erschreckte sie ein bißchen, mit welcher Plötzlichkeit er sich vor ihr auf die Knie fallen ließ. Das hatte er noch nie getan. Von oben sah sie seinen dunklen Kopf mit ihr zugekehrtem Gesicht auf dem Rand ihres Schürzchens liegen, so wie die Köpfe der Spanferkel in ihrer Vitrine auf einem spitzenbesetzten Papier lagen. Aber Alfred hatte gar nichts von einem Schwein, auch nicht von einem Käse, wenn sie's recht bedachte, obgleich die fette würzige Luft um sie her ihr einige sahnigweiße Bilder verursachte, die sie rasch verscheuchte. Alfred, an ihren Schoß gedrückt, umklammerte mit den Armen ihre Beine und atmete schwer. Wer war sie, um diesem armen Mann eine Tröstung zu verweigern, deren er offensichtlich so dringend bedurfte. Behutsam schob sie die Pyramide des Ziegenkäses aus der Auvergne, die sich hinter ihr wie ein kleiner Tempelbezirk erhoben, beiseite und stützte sich an die Tischkante.

»Was willst du, Alfred?« flüsterte sie. Alfred, als hätte sie ihm einen Schlag verpaßt, verzog das Gesicht, und Tränen quollen aus seinen fest geschlossenen Augen und hingen an seinem Schnauzbart. »Jetztnun«, dachte Frau Swoboda.

Sie zog ihr Schürzchen unter ihm hervor, es sollte nicht verknittern, hob dann den Rock ihres Kleides und empfing Alfreds heißes Gesicht auf dem kühlen Polster ihres Bauches. Dort lag er und seufzte, seine Hände umfaßten ehrfurchtsvoll ihren Hintern, so als befühlte er zwei gewölbte Caccio Cavallo Käse, Ligurien, Geschmack etwas bitter und Konsistenz mit kristallinen Einsprengungen. Mehr kann ich nun nicht tun, dachte Frau Swoboda, und sie hob gedankenverloren eine kleine Pyramide auf und leckte an der Ahornasche, mit der sie bestäubt war. Alfred löste sich aus seiner Erstarrung, und seine Zunge prüfte ihren Bauchnabel und machte sich eben daran, an der Grenze des Höschens entlang zu züngeln, während seine Hände schon dabei waren, dieses Obstakel beiseite zu räumen, als draußen vor der Tür der Ruf nach Parmaschinken laut wurde, jemand hämmerte gegen die Tür und fluchte. Alfred mußte abgesperrt haben. Er kam so rasch auf die Füße, wie er vorher niedergesunken war. Er packte Frau Swoboda und bog sie in seinen Armen hierher und dorthin, unter seinen hastigen und atemlosen Küssen. Sie taumelten gegen die Borde mit den schweigenden Käsebataillonen. Jemand hatte draußen einen Schlüssel ins Schloß gesteckt und klapperte damit herum. Alfred eilte, um die Tür zu öffnen, Frau Swoboda zog rasch alles zurecht und griff nach dem Brett mit den auserlesenen, zur Zufriedenheit gereiften Käsen. Später in der Toilette fand sie eine Scheibe Harzer Roller, der an ihrer linken Hinterbacke klebte.

Die Episode mit Alfred hatte sie mitgenommen und auf seltsame Weise aufgeweicht, ja anders konnte man es nicht nennen, sie wurde immer trauriger.

Kurz vor Ladenschluß stand plötzlich der kleine dralle Metzger aus der Fleischabteilung vor der gläsernen Barriere ihrer Vitrine, mit vor Verlegenheit zuckendem Gesicht und roten Wangen. »Frau Swoboda«, stieß er hervor und leiser dann, »Frau Ilse denkt, Sie könnten für heute abend ein paar Schinkenabfälle gebrauchen ...«, seine große Hand mit den Fingernägeln, die am Rand ein wenig blutig aussahen, lag auf der Glasplatte für das Wechselgeld.

»Heute nicht, danke ...«, sagte Frau Swoboda, wie hieß er doch, ach ja. »Vielen Dank, Gregor.« Gleich tat es ihr leid. Sie hatte in seine Augen geschaut, als sie seinen Namen aussprach, und er begegnete diesem Blick so ernst und unbeirrt, als wolle er sagen: »Verstehe, heut abend nicht, aber vielleicht morgen.« Natürlich sprach er in Wirklichkeit kein Wort. Er war kein Mann des Wortes, aber ehe seine Augen von ihr abließen, ruhten sie eine Weile auf ihrem weißen Lätzchen, dabei biß er sich auf die Unterlippe, die glatt aussah, dunkelrot und ein wenig geschwollen. Als er fort war, schaute Frau Swoboda an sich herunter und entdeckte ein Blutwurstscheibchen, das an ihrer Brust klebte wie ein Schmuckstück. Was für ein Tag, dachte sie. Sie suchte Herrn Werners Blick neben der großen rebenumkränzten Champagnerflasche und wünschte inständig, seine Augen müde und sein Gesicht erschöpft finden zu können. Er aber streckte langsam den Zeigefinger der linken Hand aus und steckte ihn zwischen die Lippen, ohne noch einmal zu ihr hinzusehen. Er hatte den Finger immer noch im Mund, als sie der eiligen Dame mit dem Jägerhut 100 Gramm Fleischsalat abwog und nach der Schüssel mit der Krabbenmayonnaise griff.

Auf dem Heimweg in der U-Bahn verließ Frau Swoboda das klamme Gefühl des Tages nicht wirklich. Sie meinte, wieder im Bus zu sitzen und heimzufahren zu ihrem verstorbenen Mann, in die große kalte Wohnung seiner Eltern, in der seine alte Mutter herumsaß wie ein von einem längst ausgezogenen Mieter zurückgelassenes Möbelstück. Sie hatte ihren Mann nie geliebt oder begehrt. Er hatte sie bezaubert, damals, als er ihr den Hof machte, mit all den Dingen, die er las, mit all den Menschen, die er kannte. Frau Swoboda kam aus einem kleineren Dorf im Flachland, und ihre Eltern hatten eine Wirtschaft betrieben. Er, der erst so feurig gewesen war, der sie bestürmt hatte – zweimal hatte er die Tür des Zimmers eingedrückt –, der sie belagert hatte, nächtelang stand er vor ihrer Tür und sah zu ihrem Fenster herauf, der sie umschwärmt hatte, jeden Tag ein Brief, mit Boten, manchmal zwei. Er, der kaum essen konnte, wenn sie ihm gegenüber am Tisch saß, er … er hatte sie wie eine Beute heimgeschleppt in seine kalte Wohnung zu seinen langsam vor sich hin siechenden Eltern. Als er sie dort hatte, waren sie alle zusammen langsam erstarrt, jeder an seinem Platz, und es gab viel Platz. Frau Swoboda dachte an die große Tiefkühltruhe beim Fischer, in der vier lange steingraue Fische lagen, die beim Hin- und Herschieben ein metallenes Geräusch machten, wenn sie zusammenstießen. Aber sie war geblieben, und erst als er starb, drei Tage nach seiner armen Mama, erst da …

Frau Swoboda stieg aus und drängte sich durch die Menschen. Ganz kalt war ihr geworden, und fast freute sie sich auf Herrn Werners verschwörerisches Lächeln, wenn er ihr die Tür öffnete, und auf den heißen Tee, den er ihr brauen würde in seiner blitzblanken Küche, wenn sie ihn darum bat. Hatte sie es nicht gut getroffen mit ihm? Er war zärtlich, auf seine Weise, liebevoll, auf seine Weise, fürsorglich und rücksichtsvoll. Was war es, was sie sich wünschte, sie wußte es nicht. Wahrscheinlich war sie ein Mensch, der nie mit dem zufrieden sein konnte, was er hatte. Da waren sie wieder, die Worte ihres Mannes, du bist kalt, hatte er gesagt, du bist es, die alles um sich her erstarren macht. Unsere liebe Frau vom Schnee. So hatte er sie genannt.

Herr Werner öffnete ihr die Tür. Er trug heute seine Wolfsmaske, das kam selten vor und hieß, daß dieser Abend in ganz andere Gefilde gehen sollte. Frau Swoboda hätte ihn küssen mögen vor Erleichterung. Er brachte sie zum Lachen und ließ sie vergessen. Sie umarmte ihn und drückte ihr Gesicht an seine Pappschnauze. Er hielt sie von sich ab und zischte undeutlich hinter der Maske: »Du sollst erschrecken, erschrecken!« Frau Swoboda stieß einen markerschütternden Schrei aus und ließ sich von ihm in die Wohnung und den Gang entlang zerren. Im Badezimmer, hinter verschlossener Tür, lachte sie, bis ihr die Tränen kamen.

Linda Stift

Die Kochmütze

Das Schiff lag bereits vor Anker, mit aufgerollten Segeln. Die Fahrt würde sechs Tage dauern, ohne Landaufenthalte. Für den sechsten Tag, den 14. Februar, war der Untergang vorgesehen, nichts Dramatisches. Der Schoner sollte sich mittels einer kleinen Explosion und anschließendem künstlichen Wassereinbruch zur Seite neigen und untergehen. Der Mannschaft würde genug Zeit bleiben, die Passagiere in möglichst verwegenen Einzelaktionen zu retten.

Es sollte mein erster Schiffsuntergang werden. Mein Therapeut Dr. Kuhschnecken hatte mir dazu geraten. Mir waren bereits viele Methoden zur Bekämpfung von Ängstlichkeit bekannt, aber Kentern war neu für mich.

Das Muttraining muß laut Dr. Kuhschnecken regelmäßig absolviert werden, um die Erinnerung an die Bewältigung der Gefahren frisch zu halten, bei jährlicher Steigerung der Gefahrengrade.

Einzig gegen meine Beziehungsblockade hatte bisher keine Therapie geholfen.

Der Gentleman Kuhschnecken versucht mir zu suggerieren, daß ich es bin, die die Kurse für meinen Urlaub auswählt. Aber natürlich bestimmt in Wirklichkeit er das Programm. Ich persönlich würde lieber zwei Wochen unter Palmen schlafen oder mein Geld in New York ausgeben. Doch seit ich einem australischen Krokodilsmaul haarscharf entkommen bin, finde ich mich im Leben besser zurecht. Im Vergleich dazu ist mein cholerischer Chef ein Perserschaf. Und wenn ich an die geköpften Hühner beim afrikanischen Voodoo-Ritual letztes Jahr denke, kümmert es mich wenig, daß ich auf der Straße immer nur von Schwachsinnigen angesprochen werde. Das Voodoo-Training, das ich mit einem Diplom abgeschlossen habe, hat mir nicht geschadet.

Das Kentern schien vergleichsweise harmlos zu sein. Im Prospekt stand:

Das unvergeßliche Ende einer Kreuzfahrt. Vergessen Sie Bungee & Co.! Genehmigen Sie sich den puren Nervenkitzel! Genießen Sie das einmalige Titanic-Gefühl! Gehen Sie am Valentinstag gemeinsam mit Ihrem Schiff unter!

Unsere Rettungsboote (selbstverständlich den modernsten Sicherheitsvorschriften entsprechend) bergen Sie aus den Wogen des Ozeans. Ein Gefühl der Ungezwungenheit und Freiheit wird Sie durchrieseln.

Das Loslassen von materiellen Gütern ist ganz einfach! Schließlich kommen Sie mit dem Einzigen davon, das wirklich zählt: mit Ihrem Leben. Wenn Sie wieder Boden unter den Füßen haben, schweben Sie leicht wie eine Feder in eine neue Existenz: ohne Angst vor Verlusten, ohne Ballast.

Nutzen Sie also die Gelegenheit zu einem eingehenden Ausmisten – geistig, aber auch materiell.

Wenn Sie Hilfe bei Wohnungsentrümpelungen brauchen, steht Ihnen unser Team auch dabei gerne gegen einen kleinen Aufpreis zur Verfügung.

Vielleicht denkt Kuhschnecken, ich hätte diesmal eine Erholung verdient.

Er ist äußerst gewissenhaft. Er bringt mich zum Schiff, er trägt mir die Koffer hinterher. Ich wollte gar nicht viel mitnehmen, aber er behauptet, je mehr ich bei mir habe, desto größer wird meine Freiheit. Ich muß gestehen, daß ich hauptsächlich Kleidungsstücke in alte Koffer gepackt habe, die ich sonst zur Caritas gebracht hätte. Das ist zwar ein kleiner Betrug, aber ich sehe nicht ein, warum ich meine Lieblingsgarderobe untergehen lassen soll.

Ein Geruch von frischem Blätterteig hängt über der Promenade.

Als ich die Koffer über die schwankende Schiffsbrücke schleife, winkt mir Kuhschnecken aufmunternd zu. Zuletzt hat er gemeint, ihm fehle die Zeit, mich an Bord zu begleiten. Ich habe ihn schon länger im Verdacht, selbst ein Feigling zu sein.

Die Matrosen begrüßen jeden einzelnen Passagier mit einem Zahnpastagrinsen. Hunderte Zähne starren uns aus braungebrannten Gesichtern entgegen. Aus dem größten Gebiß kommt ein knirschendes »Willkommen an Bord, die Herrschaften!« Vor mir steht ein feistes Ehepaar, das ewig nicht weitergeht und die Mannschaft fotografiert.

Ein Gesicht fällt mir auf, in dem man keine Zähne sieht. Stattdessen eine Kochmütze auf dem Kopf und ein verschmitztes Lächeln.

Verlegen folge ich dem Ersten Steward, der mir meine Kajüte zeigen soll.

Eine winzige Einzelkajüte. Soll man hier auch die Platzangst bekämpfen? Zur Probe lege ich mich in die Schlafnische und blicke aus dem schmutzigen Bullauge, das über dem Wasserspiegel liegt. Wellen kräuseln sich, Blechdosen schwimmen vorbei.

1. Tag

Nachdem ich mich auf das Bett gelegt hatte, schlief ich ziemlich schnell ein. Ich wachte erst auf, als es schon dunkel war. Die Bettwäsche war muffig und kratzte. Die einzige Lichtquelle in der Kabine war eine kleine Glühbirne, die außen verrußt war.

Ich ging an Deck. Die Wasseroberfläche spiegelte sich im silbernen Mondlicht. Wir befanden uns auf offener See. Das Schiff schien sich nur langsam vorwärts zu bewegen – die Segel waren heruntergerollt. Es war ein Dreimaster, irgendeinem historischen Modell nachgebaut. Ich hörte unregelmäßiges Stampfen, man verließ sich also nicht nur auf Wind und Segel.

Eine Gruppe von Passagieren tauchte auf. Lärmend, schon angetrunken, polterten sie über die Planken und grölten etwas, das sie wohl für ein Seemannslied hielten. Ich wich ihnen aus – sie bemerkten mich nicht einmal – und machte mich auf die Suche nach dem Speisesaal, in dem man laut Prospekt *zu den üblichen Essenszeiten tafelt wie Gott in Frankreich*. Ich fand einen eher kleinen Raum. Nur wenige Tische waren besetzt.

Trotzdem durfte ich mir den Platz nicht aussuchen. Ein Kellner führte mich an eine Art Katzentisch, in einer finsteren Ecke, nahe der Toilette. Erst nach einem Wortwechsel gelang es mir, einen anderen Tisch zu bekommen – der Koch war mir dabei zu Hilfe gekommen. Durch das laute Hin und Her aus seiner Küche gelockt, stellte er sich vor den Speisenträger und wies ihn zurecht. Anscheinend stand dieser in der Hierarchie unter ihm, weil er sich sofort nach einem besseren Tisch umsah.

Der Koch entschuldigte sich lächelnd bei mir, diesmal mit einem Hauch von Zähnen, und empfahl sich.

Ich war versöhnt, der Koch gefiel mir. Noch bevor ich bestellt hatte, stand eine kleine Flasche Champagner auf meinem Tisch und die kriecherische Wanze von Kellner fragte höflich, ob sie mir ein Entrèe blabla servieren dürfe. Weil die Mahlzeiten in der Seminargebühr inbegriffen waren, nickte ich vornehm.

2. und 3. Tag

Am Weg durch das Schiffslabyrinth begegnete ich einigen Passagieren. Sie sahen nach Menschen aus, die offensichtlich keine Lust verspürten, das Vermögen, das ihre Großväter angehäuft hatten, durch Fleiß und Geschick zu vermehren, wie das vielleicht noch die Generation ihrer Väter getan hatte. Diese Ehepaare in mittlerem Alter erinnerten mich mit hochgezogenen Augenbrauen an meine etwas nachlässige Kleidung. Sie selbst waren in aufwendige Freizeit- und Sportgewänder gehüllt – buntglänzende Raschelfarben, mit hunderttausend aufgesetzten Taschen, die wohl Schweizer Messer beherbergten.

Am nächsten Morgen schreckte ich durch ein Poltern aus meinen Träumen, in denen der Koch erschienen war. Ich bemühte mich, den letzten Hauch seines Lächelns nicht von dem Radau verscheuchen zu lassen, aber in diesem Moment wurde die Tür von riesigen schwarzen Stiefeln eingetreten.

»Auf, auf, Fräulein Faulpelz! Raus aufs Deck, aber dalli! Schwimmweste nicht vergessen!«

Die täglichen Rettungsübungen.

Ich hatte geglaubt, daß man nach dem Frühstück in aller Ruhe einen Vortrag über Schwimmreifen besuchen konnte. Stattdessen wurde ich von einem Berserker herumkommandiert, der mich in eine viel zu große Schwimmweste steckte.

Die Übung ging folgendermaßen vor sich:

Der Erste Maat schrie uns an. Was wir uns eigentlich dabei dachten, nicht sofort nach Anschlagen der Schiffsglocke hier zu erscheinen, sondern uns von den Matrosen wecken und an Deck geleiten zu lassen? Ob wir denn glaubten, daß wir im Falle des Kenterns gemütlich unser Frühstück einnehmen könnten und dann in aller Ruhe zu den Rettungsbooten schreiten wollten? Und ob wir schlampigen Zivilisationsarschlöcher überhaupt wüßten, was sie hier für Arbeit leisteten, für uns, die wir nicht einmal eine Schwimmweste ohne fremde Hilfe anziehen könnten? Allesamt seien wir Krüppel, geistig ohnehin, und körperlich sowieso. Und er müsse Woche für Woche seine Nerven verplempern, für Idioten, die nicht einmal den Unterschied zwischen Luv und Lee kannten. Man könne von Glück reden, wenn wir gehirnamputierten Affen Kajüte und Kombüse nicht verwechselten. Sollte die Übung morgen nicht zügig über die Bühne gehen, könnten wir uns das Frühstück sonstwo hinschmieren.

Die Matrosen hatten einen Mordsspaß. Sie zwinkerten den Damen anzüglich zu und unterhielten sich mit obszönen Gesten.

Anschließend mußten wir unter Anleitung der schadenfrohen Seeleute die Beiboote zu Wasser lassen. Die braungebrannte Fünfzigerin an meiner Seite zitterte und brachte keinen ordentlichen Handgriff zustande. Ihre Ungeschicklichkeit hatte ihr bereits

Abschürfungen an den Handflächen eingebracht. Während der Arbeit steigerte sich der Maat in einen cholerischen Anfall hinein.

Zwar hatte ich mir diese Fahrt auch anders vorgestellt, aber schließlich hatte ich dafür bezahlt und dachte an die Therapie. Daß die Methoden sich von unseren Vorstellungen unterschieden, sprach doch für sie. Redete ich mir zumindest ein, damit mir vor Furcht nicht die Zähne klapperten, denn ich ertrage es nicht, angeschrien zu werden.

Ich versuchte, mich nur auf die Übung zu konzentrieren, und verrichtete die gewünschten Tätigkeiten mechanisch. Die Gedanken an den Koch lenkten mich etwas ab.

Nachdem sie uns die Beiboote per Seilwinde an Bord hieven ließen, wurden wir mit einer neuerlichen Warnung entlassen:

»Wer morgen nicht eine Sekunde nach dem Glokkenschlag auf den Planken steht, den lasse ich im Lagerraum einsperren!!«

Schmutzig und bedrückt setzten wir uns Richtung Speisesaal in Bewegung. Man hörte Wortfetzen wie:

»Lasse ich mir nicht gefallen, ich verlange …«

»… haben wir diese Unsummen …«

»… glauben, sie können alles mit uns …« usw.

Der Koch war reizend. Er stellte mir selbst das Frühstück hin und setzte sich neben mich.

Jetzt war ich wirklich am Zittern.

Es fiel mir schwer, ordentlich zu essen, denn er beobachtete mich. Da ich wußte, daß Männer, Köche wohl besonders, es gerne mögen, wenn Frauen richtig essen und die Speisen nicht bloß auf den Tellern herumschieben, strengte ich mich besonders an.

Während er redete, hörte ich kaum zu. Ich aß möglichst viele Russische Blinis und trank den Kristallkrug mit frisch gepreßtem Mangrovensaft und die Kanne Darjeeling leer.

Er erzählte leichthin, wie lange er schon hier arbeitete, daß außer ihm und dem Ersten Maat das Personal ständig ausgewechselt werde, daß er noch nie mit einem so miserablen Kellner gearbeitet habe, daß er mich während der Rettungsübung beobachtet habe. Er sei froh, daß ich mich nicht so dumm wie die alte Zicke angestellt habe, obwohl er sich schon wundere, was ich hier eigentlich mache, denn ich sähe nicht aus wie die typische Klientel. Dabei schnippte er mir hier und da eine Erdbeere vom Teller und steckte sie sich in den Mund.

Ich erklärte ihm, ich sei aus Therapiegründen hier, um meine Angst zu bekämpfen.

»Angst wovor?« fragte er.

»Angst vor Gefahr, Angst vor dem Fremden, Angst vor dem Maat, wenn er schreit.«

»Der Maat ist harmlos. Er schreit, weil es ihm Spaß macht und weil er Geld dafür kriegt. Je lauter er schreit, desto mehr gruseln sich die Leute. Und das wollen sie doch?«

Ich nickte stumm. Er lud mich in seine Kabine ein, zwei Stunden nach dem Mittagessen sollte ich klopfen. Vor Aufregung rutschte mir Kaviar in die Luftröhre. Ich unterdrückte den Husten und spürte, wie ich rot wurde.

»Kabine 13, erstes Deck, ganz hinten«, flüsterte er und trug das leere Geschirr davon.

Ich taumelte aus dem Speisesaal und in meine Kajüte. Das Mittagessen ließ ich aus und machte mich statt dessen schön, soweit es meine Garderobe zuließ.

Punkt 14 Uhr klopfte ich an seine Tür. Es roch stark nach Kirschgelatine. Zuerst dachte ich, er selbst röche danach, dann sah ich eine wie Lack glänzende Obsttorte auf dem Tisch stehen. Die Wände waren übersät mit Garderobehaken, auf denen frische Kochhosen und Kochhemden hingen, darüber die Kochmützen. Als ob man zu Tode gehungerte Köche an die Wand geschraubt hätte.

Wir setzten uns auf sein enges Kabinenbett, aber ich durfte ihn kein einziges Mal küssen. Er sagte, das sei *seine* Schwäche, er hielte das Küssen nicht aus. Ich fand es schade, aber bald vergaß ich es.

Diese Fahrt fing an mir zu gefallen, trotz des rauhen Klimas. Auch wenn keine Rettungsübungen abgehalten wurden, pöbelten die Matrosen uns ständig an. Und die Stewards stierten einem finster ins Gesicht. Keine Spur mehr von Zahnpastalächeln.

Zum Abendessen bekam ich ein halbes Kilo T-Bone Steak mit Kräuterbutter und einen Haufen Pommes Frites. Dazu trank ich zwei Bier.

Später in seinem Bett schlief ich gleich ein. Als er mich weckte, war es draußen noch finster. Die Kochhüllen warfen dank des spärlichen Lichts, das von den Notlampen an Deck in die Kabine fiel, bedrohliche Schatten.

»Du darfst nicht wieder einschlafen, du mußt sofort nach dem Glockenschlag raus. Sonst kommst du nicht pünktlich zur Rettungsübung, und sie sperren dich den ganzen Tag im Lagerraum ein.«

»Das ist nicht dein Ernst! Du willst doch nicht behaupten, der Kerl würde uns tatsächlich einsperren?«

»Natürlich sperrt er jeden einzelnen ein, der zu spät kommt. Das ist immer so am dritten Tag.«

Er zog mir die Decke weg. Als ich mir gerade die Schuhe zugebunden hatte, schlug die Glocke an. Er stülpte mir eine Schwimmweste über den Kopf, und schon stand ich am Gang.

»Bis zum Frühstück!« rief er mir nach.

Ich lief an Deck, so schnell ich konnte. Niemand außer dem Ersten Maat war zu sehen. Er blickte mich verblüfft an, fing sich aber schnell und brüllte:

»Binden Sie sich wenigstens die Schwimmweste ordentlich zu! Wenn Sie so ins Wasser fallen, nützt Ihnen das Ding überhaupt nichts, Sie Klugscheißerin.«

Ich folgte seinem Befehl mit zitternden Fingern.

Langsam liefen die anderen ein. Ein trauriger Anblick! »Ihr wandert allesamt in den Knast!« donnerte unser Peiniger. »Alle außer ihr!« Er zeigte auf mich, ohne mich anzuschauen.

Ein Gemurre erhob sich.

»Wieso die nicht?« regte sich ein unrasierter Kerl auf.

»Weil sie als einzige pünktlich gekommen ist, ihr Weicheier. Ich habe euch gewarnt! Aber bevor ihr euch im Lagerraum auf die faule Haut legen könnt, werden wir die Rettungsübung durchziehen. Etwas schneller als gestern, wenn ich die Herrschaften bitten darf!«

Er hetzte uns in die Beiboote hinein und wieder heraus, das exakt gleiche Programm wie am vorigen Tag, mit dem Unterschied, daß wir von einigen Matrosen durch Fußtritte angetrieben wurden. Das feiste Ehepaar stand mir im Weg, wo immer es ging.

Als es endlich vorbei war, wurden die anderen in den Lagerraum gebracht, während ich in den Speisesaal durfte.

Der Koch wartete schon mit frisch gebackenen Waffeln. Dazu servierte er Schlagsahne mit heißen Himbeeren. Wir waren ganz allein, und ich aß die Himbeeren aus seinem Mund. Dazu trank ich Cappuccino.

»Siehst du, ich habe recht behalten.«

»Ja, und es ist toll. Die ganzen Arschlöcher im Lagerraum!«

»Sie werden erst am Abend rausgelassen und morgen gleich wieder eingesperrt, falls sie noch einmal zu spät kommen. Ich verspreche dir, du wirst nie zu spät kommen.«

Wir hatten den ganzen Tag für uns, weil er nicht zu kochen brauchte. Er mußte nur zwanzig Brotlaibe schneiden, denn die Gefangenen im Lagerraum wurden mit Wasser und Brot gefüttert. Ich blieb die ganze Zeit in seiner Küche.

Wir aßen Schinkenbrote und tranken Rotwein. Der Kellner ließ sich nicht blicken, und so konnten wir uns ungestört lieben.

4. Tag

Die Passagiermeute hatte dazugelernt und erschien pünktlich zur Rettungsübung. Am ganzen Schiff klingelten, tuteten und summten die verschiedensten Wecker. Der Erste Maat murrte halblaut vor sich hin. Es machte ihm keinen Spaß, wenn er niemanden einlochen konnte. Heute wurde die Übung rasch abgewickelt.

Auf dem Rückweg versperrte mir das feiste Ehepaar den Weg.

»Nicht so schnell, Fräulein. Wo waren wir denn gestern? Etwa in der Küche beim Haubenkoch? Haben wir uns den Bauch vollgeschlagen mit Delikatessen? Ha?«

Plötzlich stand ich in einem Kreis von knurrenden Erben dritter Generation. Der jugendliche Begleiter der braungebrannten Fünfzigerin spuckte vor mir auf den Boden.

»Na, na, na, was ist denn das für ein Auflauf. Das sieht ja beinahe nach Meuterei aus«, sagte der Erste Maat süffisant in den Haufen hinein. Mich wunderte, daß er in Zimmerlautstärke sprechen konnte.

»Auseinander!!« schrie er. »Sonst wandert ihr allesamt wieder in den Lagerraum! Aber ohne Ausnahme!«

Die Menge zerstreute sich.

Ich wollte auch entwischen, aber der Maat hielt mich zurück.

»Auch wenn du hier das Kochliebchen spielst, kriegst du keine Sonderbehandlung.« Er schnaubte. »Außer von ihm natürlich«, setzte er mit breitem Lächeln drauf.

Ich murmelte irgendwas und ging in Richtung Speisesaal.

Unterwegs fiel mir die Aufschrift eines kleinen Metallschildchens auf, das an die Reling angeschraubt war: *Kuhschnecken Ltd.* Aha, daher wehte also der Wind. Trotzdem konnte ich dem Doktor nicht böse sein.

Ob die restlichen Passagiere auch Kuhschneckens Patienten waren?

Zum Frühstück gab es für mich Müsli mit exotischen Früchten, dazu tibetanischen Gewürztee. Die anderen bekamen einfaches Kontinentalfrühstück.

Als ich dem Koch erzählte, daß mich die Leute belästigten, versprach er, das werde sich bald ändern.

Den Nachmittag verbrachte ich wieder in seinem Bett. Küsse gab es auch diesmal keine. Die See war ein wenig unruhig und so schwangen die Kochgespenster an den Wänden wie große Pendel hin und her und maßen die Zeit.

5. Tag

Die Rettungsübung fiel heute ins Wasser, weil der Erste Maat absolut keine Lust mehr zeigte, unsere stümperhafte Ausführung zu beobachten. Er machte einen melancholischen Eindruck. Trotzdem standen wir im Morgengrauen an Deck und froren.

Die anderen warfen mir böse Blicke zu. Direkte Beleidigungen hatten sie eingestellt, weil sie bemerkten, daß es sich negativ auf ihren Speiseplan auswirkte: Gestern abend hatte ihnen der Koch das abscheulichste Pferdegulasch serviert, das ich jemals gesehen habe. Die verwöhnten Geldkinder starrten entsetzt auf die grauen flachsigen Fleischbrocken. Ein scharfer Hautgout schwebte über den Tischen. Wehleidig schoben sie die Teller weg. Hatten sich ihre Opas dafür geschunden, damit sie nun stinkendes Pferd vorgesetzt bekamen? Ich aß hastig mein Boeuf Stroganoff auf Basmati.

Es war unser letzter Tag. Morgen stand die Kenterung am Programm. Ich fragte meinen Koch, wie das ablaufen würde. Rettungsübung würde doch bestimmt keine gemacht?

»Natürlich gibt es morgen keine Übung, morgen wird es ernst. Die Matrosen werden nicht gerade zimperlich mit euch umgehen. Es gibt jedesmal

Verletzte. Aber keine Angst, dir wird nichts geschehen.«

Nun bekam ich erst richtig Angst. Dieses Gespensterschiff mit seiner schrecklichen Besatzung, die uns einfach den Wellen überlassen würde! Vielleicht war zwar das Kentern eingeplant, nicht aber die Rettung? Aber wem würde unser Tod am Valentinstag nützen? Ich dachte an Kuhschnecken. Seine Rolle war mir unklar. Er konnte doch kaum Interesse daran haben, seine Patienten zu verlieren. Ich verscheuchte die Gedanken, um mir den letzten Abend nicht zu verderben.

Zu welcher Uhrzeit das Kentern stattfinde, wollte ich wissen.

»Meistens um zwölf Uhr. Mittagessen koche ich keines mehr. Dafür fällt das Frühstück deftiger aus«, sagte der Koch, Ingwerscheiben kauend.

Er hatte unser Abendessen in seine Kabine gebracht.

»Morgen werde ich dir eine Kochmütze schenken«, kündigte er stolz an und servierte Fukuschima-Sushi.

»Wieso eine Kochmütze?«

»Wart ab, du wirst schon sehen.«

In der Nacht hielten wir uns mit Blutorangen und Wodka aufrecht, aber auch ohne Aufputschmittel hätte ich nicht schlafen können. Wir schmiedeten Pläne für später. Noch morgen abend, nach überstandenem Untergang, wollten wir uns wiedersehen – in einem kleinen Lokal, dessen Lage er mir auf eine Damastserviette aufzeichnete, damit ich es in der fremden Stadt finden konnte. Er hatte eine Woche Urlaub, würde erst auf dem übernächsten Schiff wieder arbeiten. Und ich würde meinen Rückflug um eine Woche verschieben. Ich dachte nur an diese Woche, keine

Sekunde weiter. Ich war zuversichtlich. Irgendein Weg würde sich für uns schon finden, auch ohne Küsse.

6. Tag

Am nächsten Morgen blieb ich länger im Bett, während er das »deftige Frühstück« zubereitete.

Als ich zwei Stunden später in den Speisesaal kam, saßen die übrigen schon vor Ham-and-Eggs-Bergen und schaufelten sich die Bäuche voll. Diesmal machte ich keine Ausnahme. Ham and Eggs waren genau das richtige nach einer schlaflosen Nacht. Allerdings bekam ich echten Orangensaft, während den anderen nur billiger Nektar serviert wurde. Die Kellnerwanze blinzelte verschwörerisch und überreichte mir hoheitsvoll eine frische, leuchtendgelbe Serviette. Ich wollte mir schon den Mund damit abwischen, als er entsetzt flüsterte: »Nicht abwischen, lesen!«

Denk an die Kochmütze! Dein K.

Was das bedeuten sollte, war mir schleierhaft. Ich hob den Kopf und sah Richtung Küche. Mein »K.« stand dort und winkte mir mit einem gestreiften Küchentuch zu. Er schickte Kußhände, und ich las von seinen Lippen die Worte »Bis später« ab.

Vor ein paar Stunden hatte er mir erklärt, am nächsten Tag keine Zeit zu haben, weil er die Küchenausstattung evakuieren müsse. Schließlich sollte nur das Schiff und nicht das ganze Mobiliar versenkt werden. Schon während der vorigen Nacht hatte man den Lärm der Aufräumarbeiten gehört. Die Matrosen hatten alles Bewegliche vom Schiff in die Beiboote geschafft, wobei sie garantiert nicht nüchtern geblieben waren.

»Keine Angst«, war er meiner Frage zuvorgekommen, »es gibt genügend Beiboote.«

Ich winkte zurück und steckte die Serviette in meine Hosentasche. Dann verließ ich den Speisesaal.

In der Kajüte sammelte ich meine Sachen zusammen. Ich warf sie in die Koffer wie in Mülleimer, nur das wichtigste – Flugticket, Geld, Paß – steckte ich in einen kleinen Rucksack. Dann zog ich eine uralte Jeans und ein weißes T-Shirt mit schwarzen Bündchen an: Bereit für den Untergang.

Beschwingt marschierte ich an Deck. Die Koffer ließ ich einfach in der Kabine stehen. Das Wetter war herrlich. Ich setzte mich in eine der Taurollen. In der Ferne zeichnete sich ein schmaler Streifen ab: die Insel, die wir dann mit den Booten ansteuern würden. Ich war tatsächlich aufgeregt.

Die anderen Passagiere rannten wie kopflose Truten hin und her und schoben riesige Gepäckstücke herum. Sie trugen die buntesten und sinnlosesten Survival-Overalls.

Mir fiel auf, daß sich niemand von der Besatzung blicken ließ. Kein einziger Matrose war zu sehen.

Auf einmal war es ganz ruhig.

Mitten in die Stille krachte eine Explosion, die einen Schwall von hysterischen Schreien nach sich zog. Das Schiff brüllte auf wie ein erschreckter Ochse. Dann neigte es sich bedächtig auf die Seite. Nach einer Welle von Orientierungslosigkeit rief ein beherzter Mensch:

»Reißt euch zusammen! Wir müssen die Beiboote herunterlassen, wir müssen uns selbst retten!«

Die Beiboote hingen aber ausgerechnet an der Seite, die dem Wasser bedenklich nahe gekommen war. Einige waren bereits von der Meeresoberfläche verschluckt worden. Das Schiff sank mit derartiger Geschwindigkeit, daß es unmöglich war, die Boote rechtzeitig runterzulassen. Noch immer keine rettenden Matrosen!

Überall krachte und knirschte es. Wenn es nicht ohnehin auseinanderbrach, dann würde das Schiff bald ganz zur Seite kippen. Ich sah mich nach meinem Koch um, aber auch er blieb verschwunden.

Die ersten sprangen. Am rasant schräger werdenden Deck blieben ihre buntschillernden Sporttaschen zurück, tote Paradiesvögel, ihr Leben ausgehaucht und die Seelen ins Wasser geschickt.

Die Seelen im Wasser riefen nach den Rettungsringen und Schwimmwesten, die sie in ihrer Panik vergessen hatten. Das war ein Vorteil für die noch an Bord verblieben – für mich. Natürlich warf keiner dem anderen ein rettendes Schwimmutensil zu. Wer etwas finden konnte, behielt es und stürzte sich ins Wasser, um nicht mit dem Schiff in die Tiefe gerissen zu werden. Um die eigene Schwimmjacke aus der Kabine zu holen, war es zu spät, man mußte nehmen, was man kriegte.

Ich fand einen schweren Gummireifen und sprang los. Mit dem Reifen war man im Wasser manövrierunfähig, ich schaukelte, kam aber kaum von der Stelle. Ich ruderte mit den Armen, stieß das feiste Ehepaar beiseite, als es sich an mich hängen wollte. Sie hatten ihre Goretex-Anzüge nicht ausgezogen. Das Wasser blähte den Stoff zu riesigen Ballonen auf. Stumm und verbissen gelang es ihnen, sich mir immer wieder zu nähern, aber jedesmal versetzte ich ihnen einen Hieb mit meinem Rucksack, der mit Wasser vollgesogen ein ziemliches Gewicht entwickelt hatte.

»Fett schwimmt von allein«, schrie ich ihnen zu.

Ich entfernte mich nur zentimeterweise vom Wrack. Es lag nun schon so tief, daß man vom Deck direkt ins Wasser spazieren konnte. Binnen kurzem würde es ganz verschwinden. Einige wagten sich nicht ins Wasser. Sie hatten keine Rettungsringe mehr ergattert und standen hilflos an der Reling. Mir fiel ein Satz aus dem Prospekt ein:

Ein Gefühl der Ungezwungenheit und Freiheit wird Sie durchrieseln.

Das entsprach nicht gerade meinen momentanen Empfindungen. Wir hatten zwar *das einmalige Titanic-Gefühl*, befanden uns jedoch in keinem der *selbstverständlich den modernsten Sicherheitsvorschriften entsprechenden Rettungsboote*.

Da hörte ich Motorenlärm. Unsere Matrosen tuckerten in aller Ruhe auf kleinen Rennbooten näher.

Bei der Unglücksstelle angekommen, fingen sie seelenruhig an, die Leute herauszufischen. Jenen, die auf dem sinkenden Deck geblieben waren, riefen sie aufmunternde Worte zu – sie sollten gefälligst springen, sonst würde sie das Schiff noch ins Grab ziehen. Manche ließen sich heulend ins Wasser gleiten, wo sie von den Matrosen aufgefangen wurden. Man drohte ihnen, sie wieder ins Wasser zu stoßen, wenn sie nicht das Maul hielten.

Schließlich waren wir alle glücklich an Land verfrachtet. Das Glück hielt aber nicht lange an – denn ein neues Gezänk erhob sich zwischen Passagieren und Mannschaft. Der Erste Maat, der nur darauf gewartet hatte, bis alle seine Schäfchen geborgen waren, begann ein letztes Mal mit seiner Schimpfkanonade, die darin gipfelte, daß er in zahlreichen Variationen seiner Hoffnung Ausdruck verlieh, keinen von uns je wieder zu Gesicht zu bekommen. Ich sah zu Boden, denn wenn mir die Reise eines nicht ausgetrieben hatte, dann die Furcht vor brüllenden Männern. Naß und frierend schlich ich mich davon.

Die kleine Hafenstadt lag im Mittagsschlaf. Ich fand das Lokal, dessen Lage mir der Koch auf die Serviette aufgezeichnet hatte. Als ich zur verabredeten Zeit hinkam, war er nicht da. Ich setzte mich an einen der Klapptische, von denen die blaue Farbe abgeblättert war, und wartete, die zerknüllte gelbe Stoffserviette hin und her rollend.

Irgendwann stand Dr. Kuhschnecken vor mir und lächelte mich schuldbewußt an. Er hielt eine Kochmütze in der Hand, und diesmal zuckte er nicht zurück, als ich ihn küssen wollte.

Max Goldt

Die Aschenbechergymnastik

Nun gut, ich erzähl's. Doch ich bin kein Fachmann in Sachen Aschenbechergymnastik. Gerade weiß ich mal so viel: Sie geht auf Maria Schlenz zurück, das war die mit den »Maria-Schlenz-Bädern«, das waren badekundliche Wannenbäder, die man sich so vorstellen muß: Man lag in der kalten Wanne und ließ warmes Wasser nachlaufen bzw. umgekehrt: Man lag in der *kalten* Wanne und ließ *warmes* Wasser nachlaufen. Soviel zu Maria Schlenz.

Maria Schlenz war Schwarzwälderin, sie wurde dort Anfang des Jahrhunderts geboren, also zu einer Zeit, als es noch sehr viel Industrie im Schwarzwald gab. Die Luft war übel, die Frauen sahen aus wie gekotzt, was schon die noch ganz kleine Maria wurmte. Die Frauen hatten auch stark ekzembefrachtete Brüste – das ist ja auch heute noch eines der letzten Tabus aus dem körperlichen Bereich: die Brustverpickelung bei jungen Frauen zwischen 18 und 25 Jahren, insbesondere 25 Jahren. Das liegt an den hormonellen Fehlschüben in diesem Lebensabschnitt. In Herrenmagazinen sieht man indes nur glatte, gelblich-bräunliche, »normale«, unverpickelte Brüste. Für die Fotosessions wird den Frauen nämlich Löschpapier auf die Brüste gebügelt, und dann wird das mit hautfarbenem Kunstspray aus der Dose fixiert. Daher der von den Tatsachen seltsam abweichende Eindruck, den man gewinnt bei Betrachtung der fotografierten Frauen.

Maria Schlenz war aber keine Frau des Symptomwegbügelns. Sie experimentierte mit den Frauen. Ermunterte sie, mit einer Knoblauchzehe zwischen den Brüsten zu schlafen oder ein Kehrblech mit brennenden Nadeln durch das Schlafzimmer zu tragen. Brennende Tannennadeln gab es zur Genüge im Schwarzwald, aber sie halfen nicht groß. Mehr Früchte trug da schon das Verfahren, sich die Brüste nach einem ausgeklügelten Stundenplan mit der Zahnbürste eines Homosexuellen abzuklopfen. Einen kleinen Durchbruch aber brachte erst die Aschenbechergymnastik. Das hatte nichts mit Rauchen zu tun. Es ging um leere gläserne Aschenbecher normalen Gewichts, es kamen also keine von diesen schweren Stammtischaschenbechern zur Anwendung, und für die Frauen hieß es nun, die Aschenbecher rhythmisch auf dem Körper auf und nieder zu schieben bei leiser Musik oder zu Paukenschlägen. Das führte zwar zu guten Erfolgen, aber die Schulmediziner schlugen die Hände über dem Kopf zusammen, woran Maria Schlenz mehrere Jahrzehnte später, kurz vor ihrem Tod, innerlich zerbrach.

Man fragt sich natürlich, was Maria Schlenz, dieses kleine »balneologische Wunderkind«, mitten im Schwarzwald mit Zahnbürsten von Homosexuellen am Hut hatte. Die dortigen Homosexuellen sind doch auch damals schon in die Metropolen gepilgert, um da was auszukundschaften, vor allem nach Berlin. Dort zog es sie in die Grünanlagen, und weil sie ja vom Schwarzwald her die Geräusche der Tiere alle kannten, fingen sie an, das Röhren der Hirsche nachzuahmen. Wenn also im Tiergarten oder in der Jungfernheide ein Hirschröhren zu hören war, dann wußten die Männer, ah, da ist einer wie ich, der die gleichen Empfindungen hat, ich gehe mal in dessen Richtung und überprüfe das. Wegen der allgegenwärtigen Hirschlaute sprach man auch von den »Röhrenden Zwanzigerjahren«, eine Bezeichnung, die in ihrer englischen Übersetzung als »roaring twenties« noch ungemein populär wurde.

Joachim Ringelnatz

Offener Antrag auf der Straße

Ich habe einen Frisiersalon.
Komm mit. Dort wollen wir knutschen.
Ich wollte, ich wäre ein Malzbonbon
Und du, du würdest mich lutschen.

Wir geben dem Lehrbub den Nachmittag frei
Und schreiben »Geschlossen bis sieben«.
Ich habe Rotwein im Laden und drei
Dicke Roßhaarsäcke zum Lieben.

Ich werde dich unentgeltlich frisieren
Und dir die Nägel beschneiden.
Du brauchst dich gar nicht vor mir geniern,
Denn ich mag dicke Fraun leiden.

Ich habe auch Schwarzbrot und Butter und Quark
Und außerdem einen großen – –
Donnerwetter sind deine Muskeln stark!
Du, zeig mal: was hast du für Hosen?

Wenn du dann fortgehst, bedanke dich nicht,
Sondern halt es mit meinem Freund Franke.
Der sagt immer, wenn man vom lieben Gott spricht:
»Wenn's gut geht, der sagt nicht danke.«

Robert Gernhardt

Nachdem wir die alte Sinnlichkeit glücklich zu Grabe getragen hatten, hätte Ruhe im Karton sein können. Dafür, daß es anders kam, sorgte jedoch

Die neue Sinnlichkeit

Wer, wie ich, längere Zeit in unseren Kreisen gelebt hat, den erstaunt so leicht nichts mehr. Trotzdem schwang Verwunderung in meiner Stimme mit, als ich, die samstägliche Frühstückspost musternd, folgende, an Ingrid und mich gerichtete Einladung vorfand: »Salaam! Da uns bekannt ist, daß du/ihr schnelle Pferde und schöne Knaben/Frauen liebt, erlauben wir uns, dich/euch am Samstag den 13. zu einer Bauchtanz-Fete einzuladen. Stargast: Alischa. Oriental. Küche. Bringt massenhaft Getränke mit. Aleikum! Die drei Annas.«

Ich blickte auf.

»Begreifst du, was das soll?«

»Das wird das alljährliche Anna-Fest sein«, sagte meine Frau und unterbrach ihren Versuch, eine Erdbeere zu schälen. »Zeig doch mal!«

Nun weiß ich selber, daß die drei Annas den dürren Fakt, daß sie alle drei Anna heißen, alljährlich zum Anlaß eines rauschenden Anna-Festes nehmen; was mich verwirrte, war der unverkennbar orientalische Einschlag, der sich durch die Einladung zog:

»Ist da ein Kostümfest geplant?«

»Soweit mir bekannt ist – nein«, entgegnete Ingrid.

»Irgendwas zugunsten der PLO?«

Sie schüttelte den Kopf.

»Und was bedeutet dann das Wort ›Bauchtanz-Fete‹?«

»Daß bei der Fete Bauchtanz zu sehen sein wird.«

»Höre ich recht: Bauchtanz?«

»Ja doch, Bauchtanz«, sagte Ingrid fast unwirsch und nahm ihren Versuch, die Erdbeere zu schälen, wieder auf – weil doch die taz gerade wieder vor einer verdammt hohen Caesium-Konzentration in diesen beschissenen Erdbeerschalen gewarnt habe, wie sie erläuternd hinzufluchte.

»Du meinst – so Jux-Bauchtanz?« unterbrach ich sie hoffnungsvoll und stimmte ein, wie ich fand, keineswegs diskriminierendes, orientalische Melismen vielmehr durchaus solidarisch parodierendes nasales Geheul an, zu dem ich mit den Händen wedelte und ansatzweise die Hüften schwang: »Eine Nacht im Harem –, und alle kommen in Bademänteln – etwas in der Richtung?«

Ein abschätziger Blick Ingrids brachte mich jäh zum Verstummen. »Der Bauchtanz«, sagte sie kühl, »ist keine getanzte Anmache, wie du zu vermuten scheinst, ja er ist nicht einmal ein Tanz in unserem europäischen Sinne. Er ist mehr als das. Er ist etwas Wildes und Stolzes, Inbegriff und Beweis der Würde und der Kraft der orientalischen Frau.« Sie machte eine unheilschwangere Pause, bevor sie fortfuhr: »Und nicht nur der orientalischen ...«

Da endlich begriff ich, daß mir wieder harte Zeiten bevorstanden.

So weit ich zurückdenken kann, hat die Dialektik zwischen Kopf und Bauch unsere Kreise wie kaum ein anderes Thema bewegt und in Atem gehalten. Nicht immer war es mir leichtgefallen, auf dem laufenden zu bleiben – da genügte ja bereits ein kurzer Auslandsaufenthalt, und schon hatte man, zurückgekehrt, einen entscheidenden Lernprozeß verpaßt. Rühmte man noch, zum Beispiel, bewußtlos die systemsprengende Kraft der Pornographie, während doch den betreten sich abwendenden anderen gerade in der Zwischenzeit bewußt geworden war, daß die Pornographie den Menschen leider auf einige wenige fetischisierte Körperfunktionen reduzierte, also essentiell nicht von dem sich unterscheide, was der Spätkapitalismus im Interesse der Profitmaximierung dem von seinen Möglichkeiten her auf Totalität hin intendierten Menschen in allen anderen Lebensbereichen auch antue – doch abgesehen von solchen, stets schnell aufgeholten Verspätungen hatte ich kopfbauchmäßig so ziemlich alle Thesen, Antithesen und Synthesen mit- und nachvollzogen, bis in so verzweifelte Sackgassen wie die, daß just zur selben Zeit, als wir Männer endgültig von der tradierten Vorstellung der Frau als Sex-Objekt, das es mit Blicken auszuziehen gelte, uns verabschiedeten, die Frauen immer entblößter in Parks und an Baggerseen sich räkelten, was in mir immer häufiger den Wunsch weckte, sie mit Blicken anziehen zu können, dann immer jedenfalls, wenn ich trotz bester Absichten meine Blicke doch nicht völlig von den wippenden sekundären Geschlechtsmerkmalen meiner Gesprächspartnerinnen wenden konnte, die, beispielsweise die ständig rigideren Überwachungsmaßnahmen des Staates beklagend, immer erstaunter meinem Kommentar lauschten: Wenn der Innenminister sich damit brüste, daß er Horchwarzen einsetze, dann sollte er dich titte sehr auch gleich das Grundgesetz der Busenrepublik abschaffen.

Doch das blieben Ausrutscher. Aufgrund häufiger Park- und Baggerseeaufenthalte und dank zielstrebig betriebener Konditionierung war es mir gelungen, mit den rosigsten Frauen locker über die dunkelsten Themen zu diskutieren, beispielsweise über »Global 2000«, bei der »Global 2000«-Lektüre dann freilich – aber ich begebe mich unter mein Niveau. Jedenfalls hatten wir, die Frauen und Männer unserer Kreise, mit den Jahren zu einem erfreulich entspannten, nicht mehr durch Penetranz- und Dominanzbestrebungen vergifteten, vielmehr auf gegenseitigen Respekt sich gründenden Umgang miteinander gefunden, als dieses ebenso delikate wie dröge Gleichgewicht plötzlich ins Wanken geriet.

Schuldzuweisungen sind so eine Sache, ich weiß, doch eines möchte ich an dieser Stelle denn doch sagen dürfen: »Wir warn's nicht« – wobei ich mit »wir« diejenigen Männer unserer Kreise meine, die sich plusminus in meinem Alter, »unserem Alter« also, befanden. In vielfältigste Selbst-, Sinn- und Geldfindungsprozesse verstrickt, schenken wir den um uns sich mehrenden hochhackigen Schuhen, Seidenstrümpfen, durchbrochenen Unterhemden und ähnlichen längst entlarvten Reizmitteln einer Zeit, da die patriarchalische Gesellschaft der Frau keine andere Wahl ließ, als die, größtmöglichen Vorteil aus der ihr zudiktierten, natürlich auf Männerphantasien sich gründenden Weibchenrolle zu ziehen, um so – kurz und gut: Wir schauten lediglich zerstreut auf, wenn die Frauen unserer Kreise immer häufiger derart gewandet in die Zimmer traten, und auch das allgemeine Geschwärme und Gestampfe, mit dem unsere Damenwelt Sauras »Carmen«-Film begleitete, hielt ich zumindest für eine jener kurzlebigen, typisch weiblichen Capricen, die auf keinen Fall mit den dialektisch hin und her flutenden Strömungen des Zeitgeistes verwechselt werden dürfen.

Ein holder Selbstbetrug, den die Einladung zur »Bauchtanz-Fete« jäh zerstörte: Die Frauen machten offensichtlich ernst. Und am Samstag den 13. war es denn auch soweit.

»Soll ich nicht vorsichtshalber doch einen Bademantel anziehen?« fragte ich Ingrid, die gerade in das geschlitzte Schwarze schlüpfte. »Ich meine: Vielleicht ist es doch –«

»Spiel nicht den Scheich, wir gehen zu einer Bauchtanzfete«, gab Ingrid kühl zurück. »Kannst du mal den Reißverschluß zumachen?«

»Gerne. Wo?«

»An deinen Jeans.«

»Oh! Tatsache.«

Doch noch bis zu dem Moment, an welchem es tatsächlich stattfand, wollte ich nicht glauben, was ich dann mit eigenen Augen sah: Zu den Klängen einer unverwechselbar arabischen Musik tanzte eine unverkennbar halbnackte Frau, angefeuert von unheimlich progressiven Geschlechtsgenossinnen, einen unbestreitbaren Bauchtanz, der in uns, den unverwandt hinblickenden Männern, unvermutet ungute Gefühle auslöste. Oder hätten wir uns sonst einer nach dem anderen auf eben jener Terrasse eingefunden, von der aus man zwar noch einen Blick auf das Bauchtanzgeschehen werfen, nicht aber darein verwickelt werden konnte?

Holger und ich waren die ersten, die diesen rettenden Port aufsuchten.

»Sag mal – hat dich das irgendwie angemacht?« fragte er und entkorkte eine Flasche »Dürkheimer-Riesling«.

»Angemacht? Was denn?« fragte ich erstaunt zurück und reichte ihm meinen Plastikbecher.

»Na diese Hüft- und Busengeschichten, also wenn die Alischa da ihren Bauch so, na so ...«, sagte er und schenkte mir ein.

»Sehr ritualisiert, oder?« gab ich zu bedenken. »Zu formelhaft jedenfalls, um mich auch nur einen Moment lang vergessen zu lassen –«

»Was?« fragte der hinzutretende Hans-Anton und reichte Holger seinen Plastikbecher.

»Na dingens.«

»Genau«, rief Ulrich, sich zwischen uns drängend, »trink ich auch!«

»Wir problematisieren hier gerade das Tanzen und nicht das Trinken«, sagte ich empört, wurde aber von Werner unterbrochen, der schwer atmend zu uns stieß und wie gehetzt auf das Bauchtanzgeschehen deutete: »Schau mal, was die da mit Manfred macht!«

»Die da« war Alischa, und Alischa hatte Manfreds Hals fest im Griff eines Spazierstocks, mit dessen Hilfe sie ihn vor den Augen der mitleidlos klatschenden Damenwelt dazu zwang, ihren Bewegungen dahingehend zu folgen, daß er sie, so gut es ging, nachahmte, was beim notorisch hageren Manfred mangels fleischlichen Obens und Untens geradezu zum Lachen war, oder zum Weinen, je nachdem, auf welcher Seite der Barrikaden man stand. Auf jeden Fall fanden in jenen peinigenden Minuten auf jener Terrasse jene klärenden Gespräche statt, die es uns

Männern erlaubten, uns unvermutet dorthin zu setzen, wohin wir von Natur aus hingehörten: an die Spitze der Bewegung.

Denn als die Frauen nach beendetem Bauchtanz auf die Terrasse strömten und uns mit unverhohlenem Spott zu verstehen gaben, diese unverstellte Demonstration weiblichen Körperstolzes und femininer Geschlechtswildheit habe uns, die kopflastigen Herren der Schöpfung – »Und vor fünf Jahren galten wir noch als schwanzfixiert!« maulte Holger, doch gottlob hörte niemand auf ihn –, Alischas so beredte Körpersprache also habe uns offenbar sprachlos gemacht, da war es an mir, die delirierenden Damen dahingehend zu verwarnen, sie sollten den heutigen Tag nicht vor dem nächsten Tanzabend loben, an welchem nämlich wir – ich deutete auf die erstaunlich gefaßt dreinblickende Männerrunde – eine Demonstration männlicher Körperwildheit und maskulinen Geschlechtsstolzes vorzuführen gedächten, die auch ohne die der Damenwelt offenbar unverzichtbaren hispaniolischen oder orientalischen Anleihen –

»Wann?« schrien die Frauen auf.

»In einer Woche!« brüllte ich unbedacht zurück.

Mittlerweile sind die Einladungen bereits verschickt, wir aber proben noch immer wie die Henker. Und immer noch steht in den Sternen, ob wir den gemeinsamen Schuhplattler bis zum nächsten Wochenende packen werden. Denn, um es mit den Worten unseres Trainers Sepp Birblöser zu sagen: »D'Krprwuildheit hobts scho schö spontan einibroacht, doch eier maskuliner Geschlechtsstolz wird so lange aufigsetzt und net von innen heraus authentisch wuirken, solange noch ihr eich und net ES eich aufn Oarsch haut. Derzwingst net, des Schloagn!

Loßts den Kopf außi! Loßts kimma, des Schloagn, loßts fluten!«

Aber ob ES das noch bis zum Samstag schafft?

Ich heiße mich hoffen: Holladriöh!

Elfriede Gerstl

Ingroup-Liebe

I brauch kan Herzinfarkt
I brauch kan Tripper
I brauch nur eine Krankheit auf der Welt
und die bist du

ich schau in die Küche
ich schau aufs Klo
ich finde dich leider nirgendwo
ich sperr die Tür zu und geh ins Hawelka
der Eduard sagt du warst noch nicht da
auch in der Wunderbar bist nicht zum sehn
im Kleinen seh ich dich auch nicht stehn
wannst wenigstens beim Hansi warst beim Franzi
oder beim Klaus

gut das kenn i da kenn i mi aus
du wirst doch net mit an fremden Menschen von der
Gassen

du weißt wie wir die alle hassen
in a normales Lokal gegangen sein
also nein also nein

i brauch kan Herzinfarkt
i brauch kan Tripper
i brauch nur eine Krankheit auf der Welt
und die bist du

Martin Amanshauser

Die Liebe erledigt den Rest

Vielleicht sollte ich am besten mit meiner Milz beginnen. Vor allem möchte ich jedoch die Gelegenheit nützen, meine Version des Vorfalls mit Marlies und Roberto an die Öffentlichkeit zu bringen. Seit Marlies dieses Kind auf die Welt gebracht hat, sind die Zeitungen voll von Falschmeldungen.

Die Milz ist gerissen. Doch man sagt mir, daß die Verletzung nicht bedrohlich ist, selbst wenn man das Organ nicht retten kann. Man versichert mir, die Milz sei entbehrlich. Sie hätte also nie so große Schlagzeilen gemacht wie jene, die wir alle machen, seit das Kind geboren wurde.

Marlies und ich pflegten das, was die anderen eine offene Beziehung nennen. Wir hatten keine andere Wahl als diese offene Beziehung. Ich kam damals laufend in den Klatschsendungen vor; sie auch.

Unsere wichtigste Spielregel war, uns gegenseitig von unseren Seitensprüngen zu erzählen. Das war schon deshalb nötig, um den Bösartigkeiten der Freunde zu entgehen. Es klingt vielleicht seltsam, doch die meisten unserer außerpartnerschaftlichen Erlebnisse haben unsere Beziehung vertieft. Wenn Roberto nicht aufgetaucht wäre, würden sie das heute noch tun.

Als ich Marlies das erste Mal sah, so würde man das in einem Film ausdrücken, wußte ich, daß Gott sie für mich gemacht hatte. Die Liebe erledigte den Rest. Drei Stunden, nachdem wir uns kennengelernt hatten – auf der Vernissage eines mittelmäßigen bildenden Künstlers, den wir beide wegen einer ähnlichen Folge von Mißverständnissen zu unserem Freundeskreis zählten – lagen wir miteinander im Bett. Wir sagten alle Termine ab, ließen die Jalousien runter und das Telefon läuten.

Die Mutter von Marlies hatte bereits eine Vermißtenanzeige deklariert, als wir uns nach acht Tagen der Welt zurückgaben: unwirsch, zähneknirschend, gezwungenermaßen. Es war die beste Woche unseres Lebens gewesen, auch wenn mir einige Aufträge durch die Lappen gegangen waren und Marlies ihren Job bei der *Lunatic Company* verloren hatte.

Ich zog sofort bei ihr ein. Um den Kontakt zu meinem echten Leben nicht zu verlieren, stellte ich eine Ajudesse ein, die mir in organisatorischer Hinsicht den Rücken frei hielt. Anfangs peinigten uns noch die Anrufe des mittelmäßigen Künstlers. Er gab die Hoffnung nicht auf, Marlies in seinem windigen Dachatelier, das er Loft nannte, flachzulegen. Später akzeptierten alle Freunde, Kollegen und Feinde unsere Liaison. Jedenfalls kam mir längere Zeit nichts Gegenteiliges zu Ohren. Vielleicht charakterisiert sich andererseits eine gute Beziehung in erster Linie dadurch, daß man mit Ohrenstöpseln durch die Welt marschiert.

Nicht, daß uns langweilig geworden wäre. Unsere Sexualität war immer noch das riesige Fußballfeld dieser ersten Woche, innerhalb dessen Outlinien (so kam es mir damals vor) genügend Raum existierte, um ein halbes Leben lang zu dribbeln. Aber sollten wir uns aufeinander beschränken, bis wir mit grauen Schläfen durch die Bars schlurften? Wir wollten kein freundliches Ehepaar werden, jederzeit bereit für eine Wortspende, mit den langstieligen Blicken der Eckensteher im Rücken. Da wollten wir schon eher umrühren, im, wie Marlies sich ausdrückte, *Prosecco der Welt*. Um uns gegenseitig maximaler Treue zu versichern – die Sache mit den Seitensprüngen war damals theoretisch besprochen, aber noch nicht in die Praxis umgesetzt –, feierten wir Hochzeit, in Heiligenkreuz, vor der gesamten einheimischen Presse, wodurch ich in der Achtung meiner Schwiegermutter unendlich stieg. Erfolg, Kameras, Heiligenkreuz, auf diese Mischung fuhren unsere Alten total ab. Zuerst stilvoll heiraten, dann erledigt die Liebe den Rest, so ungefähr stellen sie sich das vor.

Die Hochzeitsnacht hatte ich mir anders vorgestellt, auch wenn Scheitern in der Natur von Hochzeitsnächten liegt. Wir hatten eine Grego-Band engagiert, die das fatale Retsina-Faß mitbrachte. Ich leerte ein Glas nach dem anderen. Am späten Nachmittag lag ich mit der Stirn auf dem Holztisch. Das Holz fühlte sich kühl an.

Wenn sich einer dem Suff besinnungslos ergibt, dann kriechen die Gegner aus den Löchern. Sie halten sich beim Trinken zurück, um einen übers Ohr zu hauen. Der mittelmäßige Künstler war mit dem Auto nach Heiligenkreuz gekommen, trank Mineralwasser und bot harmloser Nase an, das glückliche Paar mit dem Auto in die Stadt zurückzuführen.

Klarerweise landeten wir in seinem sogenannten

Loft, wo ich zu Füßen einer Staffelei bewußtlos niedersank, während er sich auf seiner Peruzzi-Couch mit meiner beschwipsten Ehefrau vergnügte.

Marlies fiel dazu später ein: »Er ist ja nur Künstler. Seine Erektion entspricht einer Karotte, die in einem Wasserkocher durchgeblubbert wurde.«

»Gerade der! Der will doch nur *mir* eines auswischen. Morgen weiß es die ganze Stadt! In der Hochzeitsnacht!« brummte ich.

»Bad news are good news, Baby. Sie halten uns endlich für wahnsinnig.«

Ein paar Tage später betrog ich Marlies mit ihrer Schwester. Das heißt, von *betrügen* konnte eigentlich nicht die Rede sein. Marlies ließ sich versprechen, daß ich bei der Verführung ihrer Familienangehörigen ein Gefühl äußerster Widernatürlichkeit empfinden mußte.

Die Schwester war mir schon in Heiligenkreuz aufgefallen, allerdings zu einem Zeitpunkt, zu dem ich mich bereits jenseits der Grenze des Landes meiner Verführungskräfte befand. Nun erwies sie sich als harter Brocken: Sie legte Wert auf das seltene Gut *Moral*. Es gelang mir, diese aufzuweichen, indem ich die Zunge zwischen ihre Beine steckte. In diesem Augenblick empfand ich vereinbarungsgemäß das von Marlies geforderte Gefühl äußerster Widernatürlichkeit.

Marlies und ich, wir behielten die Fähigkeit zum guten Fußballfeld-Sex, und wir hatten immer Geschichten auf Lager. Sie handelten von den Unzulänglichkeiten der Versagerinnen und Versager, auf die wir während der Streifzüge durch die Nächte trafen. Die anderen verstanden nichts von den wahren Qualitäten der Liebe. Golfabschläge, Dekantieren – solche Dinge beherrschten sie. Doch wenn es ernst wurde, versagten sie.

Die *Lunatic Company* stellte Marlies wieder ein. Irgendwie gelang es ihr, Geschäftsführerin zu werden. Das Kommandieren war ihr immer gut gelegen, das Unternehmen boomte. Vor allem die männlichen Mitarbeiter kannten bei ihr keine Widerrede. Meine Frau benützte die jungen Kerle, um jene Phantasien zu verwirklichen, die ich ihr nicht gab. Sie jagte nämlich seit geraumer Zeit dem Analverkehr hinterher. Ohne mich. Mir fehlt seit jeher die Lust zu dieser Art von Betätigung. Ich hatte ihr zu verstehen gegeben, der hintere Kanal sei ein Kanal, der meines Erachtens auch in Krisenzeiten der Liebe frei bleiben muß.

»Muß aber nicht *immer* frei bleiben«, schmollte sie.

»Ich stecke nicht einmal ein Zündholz rein!«

Meiner Meinung nach sollte sie das in der *Company* verwirklichen. Ich hatte nichts dagegen, solange sie Spaß dabei hatte und solange ich sicher war, daß sie den allergrößten Spaß von mir bekam. Mit Marlies war der Spaß noch immer außerordentlich, den Rest erledigte die Liebe. Manchmal ging aus Leidenschaft ein Knopf dabei drauf. Umso besser, die Ajudesse nähte ihn wieder an. Ein nettes Mädchen war das übrigens, zart und rein, ich benötigte ein halbes Jahr, um meine Grundsätze über Bord zu werfen. Marlies beobachtete unsere Vergnügungen manchmal durch das Schlüsselloch. Obwohl ein solches Schlüsselloch unbequem klein ist. Ich verstehe bis heute nicht, wie man sich durch etwas so Kleines hindurch befriedigen kann.

Wir wären glücklich geblieben, wenn nicht Roberto aufgetaucht wäre, diese heruntergekommene Lederjackenkreatur.

Eigentlich war Roberto ein Landstreicher, der in einem Wohnwagen in der Vorstadt hauste. Der Wohnwagen war zu einer Art Sex-Shop ausgebaut. In Inseraten versprach er seinen Klientinnen höchste Höhepunkte und bezauberndste Vergnügungen mit dem schönsten Callboy der Stadt. Seit er im TV-Hauptabendprogramm aufgetreten war, boomte sein Gewerbe. Die gesamte höhere weibliche Gesellschaft wohnte ihm bei, das finanzierte seine Lederjacken und den restlichen Schnick-Schnack.

Als Marlies mir Robertos Foto zeigte und mich fragte, ob sie nicht zu einem Callboy gehen sollte, bekräftigte ich Schwachkopf sie.

»Der sieht grauenhaft aus«, versuchte ich mit Vertrauen in ihren Geschmack, »aber man soll alles probieren.«

»Weißt du, ich hab mir schon immer gewünscht, einmal dafür zu zahlen«, sagte Marlies.

Ich selbst zahlte längst nicht mehr. Seit mich jeder zweite aus der Zeitung und aus dem Fernsehen kannte, war es nicht mehr nötig.

Als ich Marlies am nächsten Tag fragte, ob Robertos Fähigkeiten wirklich so *bezaubernd* waren, wurde sie rot. Immerhin war es ihr erster Bordellbesuch gewesen.

Wenn sie in den folgenden Wochen nicht regelmäßig Termine bei Roberto markiert hätte, wäre das mit der Milz nicht passiert. Marlies hatte noch nicht genug von Roberto. Sogar einen größeren Wohnwagen wollte sie ihm kaufen. Eine Show in der *Lunatic Company* sollte er ebenfalls kriegen. Mir kam das übertrieben vor. Leben und leben lassen, mahnte Marlies, unser Motto. Ob ich mich nicht an unsere Vereinbarungen erinnerte? Doch; aber Liebe sei in unserer Übereinkunft nicht enthalten gewesen.

»Liebe?« brüllte sie, *»du bist ja irr!«*

Sie schaffte es, das Wort *Liebe* auf ganz neue Art auszusprechen.

An jenem Abend stieg mein Eifersuchtspegel in den roten Bereich. Ich war vor dem Fernseher eingeschlafen, ihre Stimme weckte mich. Ah, schon so früh daheim, dachte ich, bis mir klar wurde, daß Marlies am Fernsehschirm – in einer Klatschsendung – eine Anekdote von sich gab. Die Umstehenden lachten. An ihrer Seite stand tatsächlich Roberto! Zu allem Überfluß bezeichnete ihn der Reporter als »neue Flamme« meiner Frau. Erinnerten die sich verdammt nicht mehr daran, daß sie verheiratet war?

Mit Hilfe meiner treuen Ajudesse verkleidete ich mich. Um den ungewohnten Reiz auszukosten, hielt ich es für angebracht, die körperliche Wirkung der Verkleidung an einer Frau auszuprobieren. Ich hatte den Eindruck, die Ajudesse wäre eine tolle Lesbierin geworden, worauf sie mir gestand, im privaten Leben ohnehin lesbisch zu sein. Wie wenig man von der eigenen Ajudesse weiß!

Ich wollte Roberto als Frau einen Besuch abstatten. Daß die Aktion schiefging, das weiß mittlerweile jeder aus der Zeitung. Ein solches Desaster läßt sich nicht verheimlichen, spätestens, wenn man mit inneren Verletzungen in ein Spital eingeliefert wird, wo einen alle kennen. Der brutale Kerl zerquetschte mir die Milz. Ich hatte angenommen, Lederjackenträger seien schlaffe parfümierte Schafe.

Das einzig Erfreuliche an der Geschichte ist, daß man die Milz ohnehin nicht benötigt. Das war mir vorher unbekannt gewesen. Schade, daß er mir nicht noch den Blinddarm rausgeschlagen hat.

Meine Ajudesse hatte bei Roberto einen Termin vereinbart, in der Dämmerstunde. Draußen in der Vorstadt schimmerte – offenbar von Marlies finanziert – sein neuer Wohnwagen im Grau der Vorstadtwolken. Ich schlüpfte in das Heim. Innen sah es aus, als hätte man ein Himmelbett in ein Erotik-Center gestellt und unten vier Reifen anmontiert.

Mein Plan bestand darin, mich von ihm pro forma flachlegen zu lassen, und ihm, sobald wir nackt waren, den hinteren Kanal zu verstopfen, ein für allemal. Meine legendäre Erektionsfähigkeit sollte mir zugute kommen. Das heißt, sie hätte mir zugute kommen sollen. Sie kam mir keineswegs zugute.

Roberto, blöd wie ein Teppichklopfer, hätte gar nichts von der Verkleidung bemerkt. Wir lagen auf der Couch, im engen Clinch, ich löste seinen parfümierten Slip, da geschah die Katastrophe: Marlies platzte in den Raum, oder besser, in den Wohnwagen.

»Betrüger!« schrie sie und drosch auf mich ein. Ich gab ihr einen Klaps auf die Wange. Das bewog Roberto, einzuschreiten und mir den besagten Milzriß beizubringen. Später erfuhr ich von seiner früheren Karriere als Jugendkaratemeister. Man kann schließlich nicht alles wissen.

Das Desaster breitete sich kurzfristig in Form von akuter Bewußtlosigkeit und mittelfristig in Form von schlechter Presse aus. Roberto und Marlies schafften es, die Geschichte so hinzubiegen, daß *sie mich* überführt hatten, nachdem ich es seit Monaten, als Frau verkleidet, mit Roberto getrieben habe! Die Presse glaubte ihm und ihr, und den geschwätzigen Krankenschwestern glaubte sie auch. Mich konnte keiner befragen, ich befand mich in Narkose. Die Ärzte versuchten, meine Milz zu retten. Den Sinn dieses Rettungsversuchs habe ich nie verstanden, denn heute versichert man mir, die Milz (oder zumindest: meine Milz) sei ein entbehrliches Organ.

Als ich aus dem Krankenhaus kam, machten andere Leute die Headlines, und ich behielt meine Version für mich. Mein Credo: wenn schon Schlagzeilen, dann echte.

Wenn ich gewußt hätte, was für Schlagzeilen noch auf mich zukommen würden, ich wäre etwas zurückhaltender gewesen, ich meine nicht damals, sondern überhaupt.

Gras wuchs über die Sache, Marlies und ich versöhnten uns. Der Mensch ist schwach, die Liebe erledigt den Rest. Ich verzieh ihr den Vertrauensbruch. Sie fand die Zerstörung meiner Milz inzwischen sehr unanständig von Roberto und versprach mir, ihn nicht mehr zu sehen. Ich sei der beste, der einzige Mann, und zweifellos kein Italoschwächling.

Genau das fand ich auch. Ich betrog Marlies weiterhin mit der Ajudesse, die leider selbstbewußter wurde und mich regelmäßig zwang, mich als Frau zu verkleiden, was mir große psychische Schmerzen bereitete. Auf diese Art wurde ich sogar ein bißchen lesbisch.

Dem nicht genug, Marlies gestand mir, daß sie

schwanger war. Ein Kind von Roberto? Nein nein, sie spüre genau, das Kind sei von mir gezeugt. Außerdem könne es Roberto nicht gewesen sein: nie ohne Kondom. Ich glaubte ihr kein Wort, aber dann verging die Zeit, die Liebe erledigte den Rest, am Ende glaubte ich ihr, denn sie sah den Italo-Callboy nicht mehr, und wozu hätte sie mich angelogen?

Kommen wir zu jenem Teil, den Sie alle aus der Zeitung kennen: Der Tag der Geburt, ich am Bett von Marlies, um dabei zu sein, wenn Sohnemann zur Welt kommt. Ich dachte immer nur an einen Sohn. Söhne sind bei der Geburt ein Bündel Blut. Ich freute mich auf das Bündel Blut; so kannte ich das aus den Filmen. Man wäscht sie, und ein paar Jahre später schickt man sie dann in die *American School*.

Das alles wird jetzt nicht passieren, weil das Unvorstellbare geschah.

Was Marlies zur Welt brachte, war keineswegs ein Bündel Blut. Es war der Bastard eines miesen Callboys, und wir können noch von Glück reden, daß kein Wohnwagen mit auf die Welt gekommen ist.

Aus ihrem Bauch kroch ein kleines weibliches Wesen mit High Heels, Netzstrümpfen und einem Bikini, unter dem sich volle Brüste abzeichneten. Eine Tochter. Ihre Lippen waren geschminkt.

Das kleine Monster hatte sofort nur Augen für mich. Kaum war es dem Mutterleib entschlüpft, zwinkerte es mir zu:

»Na, wie gehts, Süßer?«

Christine Nöstlinger

Von mir aus

Ich habe zwei kleine Kieselsteine gefunden,
die waren so grau wie deine Augen.

Ich habe meine Hand in ein Wasser gehalten,
das war so weich wie deine Haut.

Mir hat ein Wind ins Gesicht geweht,
der war so warm wie dein Atem.

Ich habe mir ein kleines Feuer angezündet,
das war so rot wie deine Haare.

Ich habe einen glänzenden Käfer gefangen,
der war so schwarz wie deine Seele.

Jetzt brauchst du nicht mehr bleiben,
jetzt kannst du gehn.

Inhalt

Martin Amanshauser: Die Liebe erledigt den Rest, Originalbeitrag ♥ H. C. Artmann: Mylady mit dem blauen Hut, aus: Aus meiner Botanisiertrommel © Residenz Verlag, Salzburg 2001 ♥ Ingeborg Bachmann: Ein Schritt nach Gomorrha, aus: Gesammelte Werke, Bd. 2, Erzählungen © Piper Verlag GmbH, München 1978 ♥ Wolf Biermann: Ballade von der beißwütigen Barbara, aus: Alle Lieder © Verlag Kiepenheuer & Witsch, Köln 1991 ♥ Bertolt Brecht: Morgens und abends zu lesen, aus: Werke. Große kommentierte Berliner und Frankfurter Ausgabe, Bd. 14 © Suhrkamp Verlag, Frankfurt 1993 ♥ Hermann Broch: Kulinarisches Liebeslied, aus: Kommentierte Werkausgabe, Bd. 8, Gedichte © Suhrkamp Verlag, 1980 ♥ Paul Celan: Nachts, wenn das Pendel der Liebe schwingt, aus: Mohn und Gedächtnis © Deutsche Verlagsanstalt GmbH, Stuttgart 1952 ♥ Emily Dickinson: Alle Briefe, die ich schreibe, aus: Gedichte © Philipp Reclam jun., Stuttgart 1970 ♥ Erich Fried: Nachtgedicht, aus: Liebesgedichte © Verlag Klaus Wagenbach, Berlin 1979 ♥ Erich Fried: Fester Vorsatz, aus: Es ist was es ist © Verlag Klaus Wagenbach, 1983 ♥ Robert Gernhardt: Die neue Sinnlichkeit / Story, aus: Es gibt kein richtiges Leben im valschen © Robert Gernhardt, alle Rechte vorbehalten ♥ Robert Gernhardt: Geständnis, aus: Gedichte 1954–1997 © Robert Gernhardt, alle Rechte vorbehalten ♥ Robert Gernhardt: Reich der Sinne, Welt der Wörter, aus: Kippfigur © Robert Gernhardt, alle Rechte vorbehalten ♥ Elfriede Gerstl: »ingroup-liebe«, aus: neue wiener mischung © Droschl, Graz – Wien 2001 ♥ Daniel Glattauer: Die Kunst des Flirtens, Originalbeitrag ♥ Max Goldt: Die Aschenbechergymnastik © Haffmans Verlag AG, Zürich 2000 ♥ Ulla Hahn: Altes Lied Ungereimt, aus: Herz über Kopf © Deutsche Verlags-Anstalt GmbH, Stuttgart 1981 ♥ Eckhard Henscheid: Tips für Lebemänner, Originalbeitrag ♥ Franz Hohler: Der Kuß, aus: Die Rückeroberung © Luchterhand Literaturverlag GmbH, Hamburg 1984, 1994 ♥ Ödön von Horváth: Geschichte einer kleinen Liebe, aus: Gesammelte Werke, Bd. 5 © Suhrkamp Verlag, 1985 ♥ Hanna Johansen: Felix hat wenig Zeit, aus: Halbe Tage, ganze Jahre © Carl Hanser Verlag, München – Wien 1998 ♥ Ernst Jandl: liegen, bei dir, aus: poetische werke, hrsg. v. Klaus Siblewski, Bd. 5 (dingfest & verstreute gedichte) © Luchterhand Literaturverlag GmbH, München 1997 ♥ Egon Erwin Kisch: Wie ich eine Frau suchte, aus: Gesammelte Werke in Einzelausgaben. Mein Leben für die Zeitung 1906–1925,

www.deuticke.at

Gestaltung, Produktion: typic®/wolf
Umschlaggestaltung: Studio Hollinger
Umschlagfoto: © Buenos Dias
Druck: Wiener Verlag, Himberg
Printed in Austria
ISBN 3-216-30631-3